成为商务谈判高手

Business Negotiation

李俭◎著

律师赢得谈判的实战策略

法律出版社 LAW PRESS·CHINA

序 言

记得有位专家说过，创造价值有三个途径：一是扩大生产规模，取得规模经济效应，从而可以增加利润；二是降低单位成本以增加利润；三是谈判，通过谈判可以直接创造价值，无论是降低成本还是增加利润，都可以通过一场有效的谈判来获取。虽然这样的说法可能有失偏颇，但确实从一定程度上说明了谈判的重要性及其价值。

企业参与社会的经济活动，从事各种经济交易，就是通过人与人之间的分工协作，实现社会各种资源的有效配置，实现效益和利益的最大化，而各种经济活动都离不开与人打交道，离不开人与人之间的沟通、谈判。解决各种纠纷、矛盾，处理企业之间的争议，甚至国家之间的争端，都要通过一系列的谈判来实现。

有人说谈判就是一场没有硝烟的战争，特别是零和博弈的谈判，桌面上的唇枪舌剑、你来我往，桌子下的暗中较量、波谲云诡，一切都是为了利益而博弈。谈判的策略、技巧，直接影响到谈判的结果，也就会对利益的分配产生直接的影响。

作为一个为社会提供法律服务的工作者，律师每天都要接触很多人、处理很多纠纷，无论是诉讼业务的开庭还是非诉讼业务的尽职调查，都要与对手在不同场合、不同条件下开展谈判和沟通，以达成委托人的委托目的和事项，所以，可以说谈判和沟通工作是律师开展业务及提供法律服务的一项基本工作和技能，律师的每一步工作都离不开与他人的沟通和谈判，而且往往谈判和沟通的效果直接决定问题的解决和目的的实现。所谓“不战而屈人之兵”就是指通过交涉就达成了原本需要通过战争、流血才能达致的目标，被誉为《孙子兵法》之中的上上策，而交涉的过程就是一个反复沟通和谈判的过程。

可见，谈判对于律师的工作和结果起着极其重要的作用，无论是刚开始的业务接洽谈判、律师费用谈判，还是协调纠纷的和解谈判、索赔价款的谈判、协调矛盾及解决问题的谈判、业务合作谈判等，律师的身份及其专业知识和经验，都可以在其中发挥独到的作用，在维护和争取委托人的合法权益方面体现独特的价值，从而成为律师的一项重要工作。

委托人需要律师为其提供法律服务，往往是需要律师为他们的某个具体问题提供解决方案，远非几个法律规定那么简单。随着互联网的普及与便利化，简单的法律咨询当事人在网上搜索就可以得到很多的答案，而现实中各种复杂的问题却需要律师抽丝剥茧找到问题的实质、矛盾的本源，在此过程中，需要律师跟当事人之间的反复沟通、交流，有时还需要跟对方当事人进行充分的沟通与交流，从而了解事情的真相，有效地达成为委托人维权的目的，既高效又和谐的共赢的解决方法还能够为双方今后继续开展合作留下空间。

谈判是一门综合学科，是交流与沟通的艺术，综合了语言技巧、专业知识、心理学知识、博弈、阅历、经验、综合的心理素质等因素，要想获得成功，顺利达成谈判的目的，需要事先的精心谋划、组织分工、密切配合，还需要精彩的现场发挥、团队协作，以及谈判的策略、技巧的熟练运用，这是对一个人、一个谈判团队综合实力的考验。谈得好，事半功倍；谈不好，前功尽弃。

谈判既是一门学问，也是一门技术，更是一种能力，而这种能力是可以通过不断地学习、演练得以不断地提升的。通过关于谈判知识的积累与储备，谈判技巧与策略的训练，以及在谈判实务中的不断运用和总结，慢慢将这些技能和技巧逐步转化为你的能力，而一旦具备了这种能力，你就能在谈判中以不变应万变，任凭风浪起，稳坐钓鱼台！

笔者在多年的律师生涯中经历过无数次的谈判，类型各异，多姿多彩，愿将多年的谈判经验技巧与心得感悟，拮取梳理以飨读者，与诸位共勉！

李 俭

2020 年 12 月 5 日作于南京百家湖畔闲逸斋

目 录

第 1 讲 谈判与沟通概述

谈判行为是一项很复杂的人类交际行为，它伴随谈判者的言语互动、行为互动、肢体互动和心理互动等多方面的、多维度的错综交往。美国谈判学会主席、谈判专家尼尔伦伯格说，谈判是一个“合作的利己主义”的过程。

什么是谈判 003
什么是沟通 017
谈判与沟通的关系 023
谈判的原则 024
谈判中博弈的运用 028
调解成功的秘诀 031

第 2 讲 谈判的步骤及对策

荀子曾说：“君子生非异也，善假于物也。”每个人并非都能生而异于常人，只是聪明人善假于物，即善于借助外力、利用外来的条件与帮助以达成自己的目的。

谈判前的筹划 039

对谈判人员的要求　046
了解你的谈判对手　050
谈判的阶段　054
谈判中最佳时机的把握　062
谈判的语言表达与技巧　067
谈判中的底线思维　073
谈判的辩论方法　074
谈判节奏与技巧的把握　076
如何识别谈判中的假象　089
如何破解谈判中的僵局　092
谈判中阶段性的思考与梳理　098
谈判策略与技巧的应用　100

第3讲　有效谈判的20条策略

在正式谈判中，谈判双方都有各自重要的诉求，为了取得利于己方的谈判结果，我们要学习和掌握各种谈判的策略技巧，为谈判的成功提供多一种的可能性，让我们以更加开放的心态和思维、更加充分的准备和策略来开启一场谈判。

营造良好的谈判氛围　105
在对方阵营中寻找代理人　108
红脸加黑脸唱双簧　110
充分宣泄情绪法　113
极限压价法　115
耐心比拼法　118

故意冷落法 120
后发制人 120
迂回战术的运用 122
故意找茬法 125
对比驳斥法 126
给予额外帮助 127
另辟蹊径法 128
暂时搁置战略 129
声东击西法 130
欲擒故纵 132
以其人之矛攻其人之盾 135
充分发酵法 137
回马枪法 138
求同存异法 139

第4讲 律师自身的业务谈判

律师为了开拓业务，需要开展多种形式的谈判，谈判对象也各异。每个律师、律师团队，甚至每一个律所，都是一个完整的有机整体，既要从事律师业务的开拓、营销，又要研究案例、论文，撰写各种法律文书、出庭，在这个过程中，不可避免地需要跟潜在客户、营销合作伙伴、合作律师、委托人、对方当事人及其委托律师、政府相关部门、法官等各种主体进行谈判、沟通、交涉。所以说，律师自身在开展业务的过程中需要面对各种各样的谈判。

律师自身业务谈判 151

律师业务营销谈判 155
律师接案谈判 158
委托代理协议的谈判及签订 162
处理与当事人的纠纷谈判 168

第5讲 各种商务谈判策略

一个理性且经验丰富的律师在谈判中可以很好地从法律风险及后果预测方面来评估谈判的走向、结果，更好地把握全局，把控谈判的节奏与步骤，而且处理诉讼的经验又能帮助律师在纷繁复杂的情况中迅速理出头绪，把握事情的关键、主次，有利于引导事情向着不断明朗和有利于委托人的方向发展。

律师参与谈判的优势 173
商务谈判 182
涉外合同谈判 190
非诉业务谈判 211
常见争议解决谈判 235
涉外合同争议解决谈判 240
律师参与谈判的意义 242

参考文献 251

后　记 252

第 1 讲

谈判与沟通概述

谈判行为是一项很复杂的人类交际行为，它伴随谈判者的言语互动、行为互动、肢体互动和心理互动等多方面的、多维度的错综交往。美国谈判学会主席、谈判专家尼尔伦伯格说，谈判是一个“合作的利己主义”的过程。沟通是人与人之间、人与群体之间思想与感情的传递和反馈的过程，以求思想达成一致和感情的通畅。沟通是为了一个设定的目标，把信息、思想和情感，在个人或群体间传递，影响他人并达成共同协议的过程。

第1讲 谈判与沟通概述

什么是谈判

◎ 谈判的概念

谈判是一项古老的交往艺术，不但是人类一项生活与工作的基本技能，同样，在动物界谈判也是生存所必需的一项基本技能。例如，大猩猩之间为了争夺领地或者配偶，互相之间会通过眼神的交流、肢体语言甚至威胁的动作来进行交涉、谈判。狮子会通过发出怒吼、露出牙齿的狰狞面目来恐吓对手，以达到自己的排他及独占领地和配偶的目的。神奇的牧羊犬则通过眼神压制就能让几十头，甚至几百头绵羊乖乖地听从其指令。

随着人类从动物界分离出来，谈判行为逐渐成为一项很复杂的人类交际行为，它伴随谈判者的言语互动、行为互动、肢体互动和心理互动等多方面的、多维度的错综交往。谈判行为从某种意义上说可以看作是人类众多游戏中的一种，一种既严肃而又充满智趣的游戏行为。参与者在遵守一定游戏规则的同时，各自寻找那个不知会在何时、何地、何种情况下出现的谈判结果。

什么是谈判呢？谈判有广义与狭义之分。广义的谈判是指除正式场合下的谈判外，一切协商、交涉、商量、磋商、协调等都可以看作是谈判。狭义的谈判仅仅是指正式场合下的谈判，是由谈判双方或多方各一人或多人参加，或者组成正式的谈判小组、谈判团队，在某个地点或场所，围绕某个或多个主题表达意见、争论观点，努力说服对方接受己方的观点或者认可己方的意见、方案。谈判是相关各方就共同关心的问题、观点互相磋商，交换意见，寻求解决问题和矛盾的途径从而达成协议的过程。

美国谈判学会主席、谈判专家尼尔伦伯格说，谈判是一个“合作的利己主义”的过程。为寻求合作的结果双方必须按一个彼此均能接受的规则行事，这就要求谈判者应以一个真实身份出现在谈判活动的每一个环节中，去赢得对方的信赖，继而把谈判活动完成下去。而每一项经济活动、每一个项目的完成，都需要整合社会各方的资源，进行有机的组合，以达到完成该项目的目的。在整合社会各方资源的过程中，不可避免地需要跟各方进行沟通、交流，为了进行有效的合作，必须通过各种合同、协议甚至是会谈纪要、备忘录等各种形式将合作的双方或多方的意见、权利义务固定下来，使其为了达到同一个目标去共同努力，协同作战。而为了达成一定的协议，则需要通过双方的一轮或多轮的沟通、协调、磋商、谈判来严格界定各方的权利义务，明确违反约定可能产生的后果，并以此来约束双方严格按照协议履行，从而完成合同的目的，所以一旦确定了具体的项目，围绕整合资源实施项目的第一步就需要进行项目谈判。

在我国社会经济的发展历史中历来少用谈判，这是因为自给自足的自然经济在我国历史上长期占主导地位长达数千年之久，一切都是约定俗成的，人们无须谈判。但随着商品经济的充分发展，特别是我国确立了建设社会主义特色的市场经济的国策以来，一切以市场为纽带和导向，平等交换意识不断深入人心，一切都要按照既定的规则通过协商完成，这就使得谈判在人们日常的经济活动中的作用和地位越来越重要。

实际上，要给谈判下一个准确的定义，并不是件很容易的事情，因为谈判的内容极其广泛，人们很难用一两句话准确、充分地表达谈判的全部内涵。因此，我们试图从谈判的形式、内容和特征等方面入手，对谈判的内涵进行分析，以便把握谈判的基本概念和实质含义。

（1）谈判总是以某种利益的满足为目标，是建立在满足人们需要的基础上的，这是人们进行谈判的动机，也是谈判产生的原因，在工作中必不可少。我们可以根据场景不同，对谈判者做出相应的判断。尼尔伦伯格指出，当人们想交换意见、改变关系或寻求同意时，人们开始谈判。这里，交换意见、改变关系、寻求同意都是人们的需要。这些需要来自于人们想满足自己的某种利益，这些利益包含的内容非常广泛：有物质的、精神的，有组织的、个人的等。当需要无法仅仅通过自身的努力而需要通过他人的合作与配合才能满足时，就要借助于谈判的方式来实现，而且，需要越强烈，谈判的需求就越迫切。

（2）谈判是两方以上的交际活动，只有一方则无法进行谈判活动，俗称"谈判的对手"。而且只有参与谈判各方的需要有可能通过对方的行为而得到满足时，才会产生谈判，所以，谈判又是利益交换的需要。譬如，商品交换中买卖双方的谈判，只有买方或者只有卖方时，无法进行谈判；当卖方不能提供买方需要的产品时，或者买方完全没有可能购买卖方想出售的产品时，也不会有双方的谈判，因此，至少有两方参与而且有讨价还价的需要时才是进行谈判的先决条件。

（3）谈判是寻求建立或改善人们社会关系的行为。人类的一切活动都是以一定的社会关系为条件的。就拿商品交换活动来讲，从形式上看是买方与卖方的商品交换行为，但实质上是人与人之间的关系，是商品所有者和货币持有者之间的交换关系。买卖行为之所以能发生，有赖于买方或卖方新的关系的建立。谈判的目的是满足某种利益的需要，要实现所追求的利益，就需要建立新的社会关系，或巩固已有的社会关系，而这种关系的建立和巩固是通过谈判实现的。但是，并非所有的谈判都能起到积极的社会效果，失败的谈判可能会破坏良好的社会关系，也可能会激起人们改善社会关系的愿望，进而产生新一轮的谈判。

（4）谈判是一种协调行为的过程。谈判的开始意味着某种需求希望得到满足、某个问题需要解决或某方面的社会关系出现了问题。由于参与谈判各方的利益、思维及行为方式不尽相同，存在一定程度的冲突和差异，因而谈判的过程实际上就是一个求同存异的过程，是一种协调行为的过程。解决问题、协调矛盾，总需要一个过程。这个过程往往不是一蹴而就的，而是随着新问题、新矛盾的出现而不断重复，意味着社会关系需要不断地协调。

（5）任何一种谈判都选择在参与者认为合适的时间和地点举行。这是区分狭义的谈判和广义的谈判的一个很重要的标准。谈判时间与地点的选择实际上已经成为谈判的一个重要组成部分，甚至是谈判策略的重要组成部分，对谈判的进行和结果都有直接或间接的影响。尽管某些一般性的谈判不一定对此非常苛求，但至少企业之间、团体之间乃至国家之间的谈判是这样的。购销谈判、项目谈判、外贸谈判等都对时间和地点的选择十分重视。另外，谈判中的礼仪、规则，也是谈判中必须严格遵循的。

（6）谈判是双方或多方互换商品和服务，并试图对他们的交换比率达成协议的过程。

综上所述，我们认为谈判是参与各方出于某种需要，在一定时空条件下，采取协调行为的过程。

◎ 谈判的分类

谈判可以按不同的标准，从不同的角度进行分类。不同类型的谈判，其准备工作、运作、应采用的策略是不尽相同的。了解谈判的类型，有助于谈判获得成功，否则，谈判将会是盲目、无效益的。通常，可以将谈判划分为以下几种类型：

1. 按性质划分

按照谈判的性质划分，可以分为一般性谈判、专门性谈判和外交性谈判等。

（1）一般性谈判是指一般人际交往中的谈判。包括：

①家庭场合的，如夫妻间商量去哪家商店购物，父子间讨论何时去郊外游玩等。

②公共场合的，如在戏院，观众之间协商调换座位。

一般性谈判是随意的、非正式的，双方无须做过多的准备，日常生活中几乎到处存在，随处可见。

（2）专门性谈判是指各个专门领域中的谈判，包括教育领域中合作办学的谈判、金融领域中的信贷谈判、科技领域中的技术转让谈判、生产领域中的产品合作开发谈判、商业领域中的贸易谈判，等等。

专门性谈判大多具有明显的经济目的。通过谈判，就某项技术交流、经济合作、经贸往来、资金融通、项目合作等达成一个有利于双方或多方的一致性协议。专门性谈判是一种有准备的正式谈判。

（3）外交性谈判是指国与国之间就政治、军事、经济、科技、文化、领土等方面的问题或交流而进行的谈判。

外交性谈判程序严谨、准备充分、效果明显、影响较大，谈判的结果对双方都有很大的制约性，其签署的文件往往成为一国法律体系的组成部分。

2. 按主题划分

按照谈判的主题划分，可以分为单一型谈判和统筹型谈判。

（1）单一型谈判是指谈判的主题只有一个。这种谈判，双方对谈判的主题必须确定某个能共同调节的“变量值”。例如，买卖双方只针对价格进行谈判，这个价格应是双方均可调节的变量，否则谈判将难以进行下去。因为卖方期望这个值高，而且越高越好；而买方则期望这个值低，且越低越好。这种差异只能通过谈判来调节，以取得双方都能接受的水平。

单一型谈判的一般规律是首先要分析、掌握有关背景情况，然后确定对策。通常的做法是双方都会内定自己所能接受的“变量值”或称“底线”，尽量争取好的结果，如果超过这一“临界值”或突破己方的“底线”，谈判将难成功。因此，单一型谈判具有较高的冲突性，往往是零和博弈。

（2）统筹型谈判是指谈判的主题由多个议题构成。这种谈判，双方已不再是“单一型谈判”中的激烈竞争对手，双方的利益各有交错，侧重点也各有不同，如果他们能一起合作，则同时会得到较多的利益。例如，甲乙双方正在进行谈判，一个是关于价格问题，甲方要求至少 3 万元才能成交，而乙方则坚持最多只能考虑 2 万元，双方不存在达成协议的可能；另一个是交货时间问题，甲方提出最早 6 个月才能交货，而乙方则要求最晚不超过 4 个月交货，双方同样不存在达成协议的可能。在很难找到双方都可以接受的妥协方案时，用统筹型谈判，协议就有可能达成。即如果乙方愿意在价格上接受 3 万元的成交价，那么甲方也愿意在交货时间上接受乙方不超过 4 个月的时间，双方彼此接受这个折中的方法，通过互相之间在不同方面的让步就有可能达成妥协的解决方案。

统筹型谈判是把双方所存在的两种不同的交换比率（价格和时间）

结合起来，使他们有机会利用这个差异。这种谈判艺术的关键是，为了得到某项利益，通过统筹考虑而适当放弃另一项利益作为交换条件去获得自己需要的更重要或更有价值的利益。因此，在谈判时许多谈判者往往表现在一个问题上坚持自己的利益而在另一个问题上则可以适当让步，接受对方的意见，因而使双方的冲突性可随之减低。

两者对比如表 1 所示。

表 1 单一型谈判与统筹型谈判的对比

类型	主题	博弈类型	特点
单一型谈判	一个	往往为零和博弈	主题明确，寸土必争
统筹型谈判	多个	一般为非零和博弈，有利益交换	利益交错，谈判余地大，综合考虑

3. 按层面划分

按照工商企业营销谈判的层面划分，可以分为销售谈判、原有合同的重新谈判、索（理）赔谈判等。

（1）销售谈判。这是工商谈判中最主要的类型。在销售谈判中，卖主关心的是卖价的高低、销售量的多少及持续稳定的销售的问题。买主关心的是产品的质量和服务的各项条件以及价格上的优惠。谈判的主要内容包括总价、质量要求、销售周期、特殊服务、包装、运输、结算方式、交货时间或发运时间等。

（2）原有合同的重新谈判。由于市场风云多变，在长期合同中，一般都有一些允许买主和卖主在合同截止日期前重新谈判的条款或条件。初始合同应当设定重新谈判之前必须具备的条件。这样，可以避免使购销双方陷入“为重新谈判”而谈判的困境。例如，卖主在合同截止日期前，提出重新讨论合同的内容，买主必须做出决定，是取消合同并达成一个全新的协议，还是更改初始的合同。

（3）索（理）赔谈判。这是在合同义务不能或未能完全履行时，当事人之间进行的谈判。在商品交易过程中，往往由于卖方交货时，因品质不符、数量短缺、包装不符、延期交货，或者买方擅自变更条件、拒收货物和延期付款等，而给对方造成损失时，都可能引起索赔（或理赔）。因此，为使以上争议能够圆满解决，不轻易通过仲裁机构来裁决或诉诸法院，就需要双方心平气和地进行商谈。

4. 按谈判利益的分配以及谈判的方式划分

按照谈判利益在双方之间的分配以及谈判的方式划分，可以分为“价值创造型谈判”和“零和博弈型谈判”。价值创造型谈判又称“合作性谈判”。价值创造型谈判追求的是通过双方的共同努力与合作共赢，为双方创造新的价值、新的利润增长点，双方谈判的着眼点在于通过合作如何为自己创造更多的价值。譬如技术合作开发合同、合作招投标、项目合作合同等，通过利益的增量来进行分配，只不过是根据贡献的大小如何进行差别化的分配。而“零和博弈型谈判“是双方利益完全对立的谈判，一方利益的获得或增加，是以另一方利益的减损作为代价的。譬如所有的索赔都属于零和博弈，如交通事故索赔、违约索赔、侵权索赔等等，一方为了达到获取更多的索赔款将尽可能地搜集对自己有利的证据，夸大后果的严重性，以期获得更多的赔偿，而另一方则想方设法逃避、推诿自己的责任，降低赔偿的标准，以减少利益的损失。

☞ 示例 1：新官上任第一把火：统统降价 20%

以前看过一个经典的谈判案例，若干年前福特新上任了一位全球采购总经理，上任伊始就给所有的供应商发函，要求所有供应商将其供给福特的零部件全部降价 20%，否则，就将其剔出供应商名单另行选择。

慑于福特是一家全美最大的汽车制造商之一，广大的中小供应商都非常在乎与福特之间的长期稳定合作关系，不敢轻易得罪或者放弃跟福特的合作，因此，迫于无奈，大部分供应商只能选择屈服，忍痛同意了福特的降价要求，而那些本来还想再讨价还价一番的供应商一看大势已定，也只能忍气吞声地“随大流”，仅仅是新官上任的这一把火就为福特每年节省数十亿美元的采购成本，不能不说这位采购总经理确实是一位谈判的大师，具有过人胆识和智慧，能审时度势充分认识到既能确保全面降价的策略成功，又不至于失去广大供应商的支持，确实是一次成功的谈判与交涉。按照他的说法，企业获取利润有三个途径（见表 2）。

表 2　企业获取利润的三个途经

序号	企业增加利润的途径	实现办法及特点
1	扩大生产规模	需要大规模投入，或通过兼并收购，短时间难以实现，周期长
2	科学管理，采用新技术、新工艺	增加创新投入，存在科技创新的风险，周期长，不确定性大
3	谈判	需要谈判专业人员组成谈判小组，成本投入不大，效果显著

相比前两种方法，第三种方法来得快捷、迅速而且几乎没有什么成本，但效果卓然，立竿见影，可见，在经济活动中谈判扮演了多么重要的角色。

◎ 谈判的特征

谈判之所以能够进行，并能够最终达成协议，取决于以下几个方面：

（1）双方各有尚未满足的需要；

（2）双方有共同的利益，又有分歧之处；

（3）双方都有解决问题和分歧的愿望；

（4）双方能彼此信任到某一程度，愿意采取行动达成协议；

（5）最后结果能使双方互利互惠。

以上条件为谈判的进行确立了基础，也为双方的合作提供了前提。因此，谈判作为人们为满足各自的某种需要而进行的一种交往活动，在它的发生和发展过程中具有以下几个一般特征：

（1）谈判是一个通过不断调整各自需求，最终使谈判各方达成一致意见的过程。

（2）谈判具有“合作”与“冲突”的二重性，是“合作”与“冲突”的对立统一。谈判的合作性表现在，通过谈判而达成的协议对双方都有利，各方利益的获得是互为前提的。而谈判的冲突性则表现在，谈判各方希望自己在谈判中获得尽可能多的利益，但由此可能减损对方的利益，为此要积极地进行讨价还价。

（3）谈判是为达到“互惠”和“共赢”的目的，但并非绝对均等。正常情况下，互利互惠、皆大欢喜是谈判的一般结局。那种企图造成所谓一方全赢或全输的谈判的“零和博弈”，势必导致谈判的失败以至今后交往的中断。大量实践表明，这不是谈判发展的趋势。谈判的结果应是互惠的，但是这种互惠又不是绝对均等的，有可能一方获利多一些，另一方获利少一些。造成这种谈判结果的主要原因在于：双方的需求有差异，对利益的认识、分析、评价标准也不一致。同时，谈判双方所拥有的实力、地位与谈判的技能也各不相同，因而不可能达到谈判利益的绝对均等。

（4）谈判是“公平”的，尽管谈判的结果不是绝对均等的。而且不论这个结果是多么地不均等，但谈判作为一种竞技活动，在智力的较量，策略、技巧的运用上，双方是各具自由度的。同时，谈判的双方对谈判结果均具有否决权，因此，从这个角度来看，可以说谈判是“公平”的。

◎ 谈判的方式

1. 直接谈判和间接谈判

按照谈判双方的接触形式不同可分为直接谈判和间接谈判。直接谈判是指在商务谈判活动中，参加谈判的双方当事人之间不需加入任何中介组织或中间人而直接进行的谈判形式。直接谈判在商务活动中应用非常广泛，包括面对面的口头谈判和利用信函、电话、传真、电传、邮件、微信、QQ 等通信工具进行的书面谈判形式。

直接谈判有其突出的优点：首先，不需中间人介入，免去了很多中间手续、环节，使谈判变得通畅、及时、快速；其次，各方当事人直接参加谈判，易于保守商业秘密；最后，节约谈判费用，不需支付中介费用。

直接谈判适应以下情况：

（1）参加谈判双方或一方重礼节，以直接谈判形式表示对对方的尊重。

（2）较重大或谈判结果对一方或双方有重大影响的谈判。

（3）谈判涉及一些长期悬而未决的问题，采用其他方式无法解决时。

（4）其他各种需双方直接进行交往的情况。

间接谈判是相对于直接谈判而言的，它是指参加谈判的双方或一方当事人不直接出面参与商务谈判活动，而是通过中介人（委托人、代理人）进行的谈判。这种谈判形式在谈判活动中应用较为广泛。

间接谈判也有其优点：第一，中介人一般都是谈判对方当地的代理人，熟悉当地的环境，熟知谈判对方的行为方式，便于找到合理的解决问题的办法。第二，代理人身处代理的地位，利益冲突不直接，不易陷入谈判的僵局。第三，代理人在其授权范围内进行谈判，不易损害被代理人的利益。第四，代理人具备某些方面、某个行业的专业知识和经验，甚至是某个领域的技术专家、法律专家，具有较强的权威性，容易得到双方的认可和信任。

间接谈判多适用于以下情况：

（1）谈判一方或双方对对手情况不了解时。

（2）在冲突性较大的谈判中，为了避免双方直接冲突，多采用此法。

（3）在谈判出现僵局、双方又无力解决时。

2. 横向谈判和纵向谈判

按照议题的商谈顺序可分为横向谈判和纵向谈判。横向谈判是指在确定谈判所涉及的所有议题后，开始逐个讨论预先确定的议题，在某一议题上出现矛盾或分歧时，就把这一问题暂时搁下，接着讨论其他问题，如此周而复始地讨论下去，直到所有内容都谈妥为止。

这种谈判形式的优点在于：

（1）议程灵活，方法多样，多项问题同时讨论，有利于寻找解决问题的变通办法。

（2）有利于谈判人员创造力和想象力的发挥，便于谈判策略和技巧的运用。

（3）不容易形成谈判僵局等。

纵向谈判指在确定谈判的主要议题后，逐一讨论每一问题和条款，讨论一个问题，解决一个问题，直至所有问题得到解决的谈判方式。其特点在于每个阶段集中解决一个议题，即只有在第一个讨论的问题解决后，才开始全面讨论第二个议题。

纵向谈判方式的优点在于：

（1）程序明确，把复杂问题简单化。

（2）每次只谈一个问题，讨论详尽，解决彻底。

（3）避免多头牵制、议而不决的弊病。

这种谈判方式也有缺点：首先，议程过于死板，不利于双方沟通交流；其次，问题之间不能相互通融，当某一问题陷入僵局时，不利于其他问题的解决；最后，不利于谈判人员想象力、创造力的发挥，不能灵活变通地解决谈判中的问题。

3. 竞争型谈判、合作型谈判和“双赢”谈判

（1）竞争型谈判

大部分谈判都属于竞争型谈判。现代社会竞争越来越激烈，企业之间的竞争、同类产品之间的竞争、人才之间的竞争都已经达到白热化程度，如果不竞争或者竞争能力不强，就会被淘汰，因此，在日常生活中，人们面临着越来越多的竞争型谈判。竞争型谈判的技巧旨在削弱对方评估谈判实力的信心。因此，谈判者对谈判对手的最初方案作出明显的反应是极为重要的，即不管谈判者对对方提出的方案如何满意，都必须明确表示反对这一方案，声明它完全不合适，使谈判对手相信，他的方案是完全令人讨厌的，不能接受的。

（2）合作型谈判

尽管谈判中有各种各样的矛盾和冲突，但谈判双方还是存在合作与交流的。谈判双方不是你死我活，你争我抢，而是为着一个共同的目标探讨相应的解决方案。如果对方的报价有利于当事人，当事人又希望同对方保持良好的业务关系或提高谈判的效率，作出合作型反应则是恰当的。合作型反应一般是赞许性的。承认和欣赏对方实事求是地对待谈判的态度，但还必须强调进一步谈判的必要性。这种有必要进一步谈判的事先表示，可以降低对方认为自己低估了案情从而转入防御的可能性。

（3）“双赢”谈判

“双赢”谈判是把谈判当作一个合作的过程，能和对手像伙伴一样，

共同去找到满足双方需要的方案，使费用更合理，风险更小。

“双赢”谈判强调的是：通过谈判，不仅是要找到最好的方法去满足双方的需要，而且要解决责任和任务的分配，如成本、风险和利润的分配。“双赢”谈判的结果是：你赢了，但我也没有输。从倡导和发展趋势的角度说，“双赢”谈判无疑是有巨大的发展空间的。但是，在实际工作中，推广“双赢”谈判却有着诸多障碍，需要谈判双方有着共同的认识。

◎ 谈判中的礼仪

比较正式的谈判，譬如商务谈判、设备进出口合同谈判，大到外交谈判、边境纠纷谈判及人质谈判等，由于谈判涉及利益的重要性、重大性等原因，双方不但会派出重要的人物参与谈判，而且对于谈判中的礼仪安排也极为讲究，礼仪中的每一个细节既体现了双方的可以安排的礼节，又是双方在谈判中的一种博弈。

譬如座位的安排，体现了主宾之间对于彼此地位及主办方安排的认同；发言顺序的安排、措辞的斟酌、双方的衣着、配饰等都体现了彼此的尊重与主办方的精心安排，包括餐桌上的礼仪，体现的是主人的好客以及客人的答谢及感恩，对于为谈判创造融洽的气氛颇为关键，有利于增进彼此之间的亲近感和信任度。

在谈判出现僵局时，适时的午茶休息时间，彼此随意轻松的聊天，为客人端上一份香浓的咖啡和甜点，有利于谈判间歇的放松，为下一场谈判赢得彼此的好感。

所谓细节决定成败。谈判中的礼仪，虽然不是谈判中的主题和实质性问题，但却对谈判起着舒缓、衔接与衬托的作用，能起到良好的润滑作用，所以应当得到充分的关注与合理运用。

什么是沟通

◎ 沟通概述

沟通本意是指开沟以使两水相通，后用以泛指使两方相通连，也指疏通彼此的意见。沟通包括语言沟通和非语言沟通，语言沟通是包括口头和书面语言沟通，非语言沟通包括声音语气（如音乐）、肢体动作（如手势、舞蹈、武术、体育运动等）、眼神等，而最有效的沟通是语言沟通和非语言沟通的相互结合，组合运用。即时通信的沟通、论坛里的沟通则主要是一种书面沟通（见表 3）。

表 3　语言沟通与非语言沟通的区别

序号	沟通方式	内涵	效果及特点
1	语言沟通（口头、书面）	语音、语速、语调、文字、修辞	表达清楚、直接、沟通效率高，信息量大
2	非语言沟通	手势、舞蹈、武术、体育运动、眼神等肢体动作	委婉、形式更丰富，但难以独立表达完整的意思，配合语言表达效果更好，往往可以强化语言的表达效果

沟通的要素包括沟通的内容、沟通的方法、沟通的动作及沟通的技巧。就其影响力来说，沟通的内容占 7%，影响最小；沟通的动作占 55%，影响最大；沟通的方法占 38%，居于两者之间。

沟通是人与人之间、人与群体之间思想与感情的传递和反馈的过程，以求思想达成一致和感情的通畅。沟通是为了一个设定的目标，把信息、思想和情感在个人或群体间传递，影响他人并达成共同协议的过程。

◎ 沟通方式

从沟通的表达方式来看，可以分为语言沟通、动作沟通、肢体沟通、眼神沟通等；从沟通与被沟通者之间的距离来看，可以分为直接沟通、间接沟通。

◎ 沟通原则

为了达成沟通的目的及效果，对于沟通有着一定的要求，也是沟通中必须贯穿的原则，具体来说有以下几点：

1. 针对性

沟通虽然不像谈判那么正式，但沟通也是为了达到一定的目的，解决某个具体的问题，因为沟通也是需要付出时间、精力和脑力的。

沟通首先应当有个明确的指向，针对某个具体问题，可能在沟通前会做一些铺垫，沟通过程中也会举些例子用以说明问题，阐述自己的观点，但沟通的目的都是具有明确的指向的，这就是沟通的针对性，有了针对性，才能保证沟通时不至于偏离主题、跑题，才能确保沟通卓有成效。

2. 准确性

沟通要解决的问题具体、明确，所以沟通过程中必须要切中要害，准确把握病灶，这就要求承担沟通使命的人必须准确把握沟通的核心问题、主要问题，确保主要矛盾得到妥善解决，不能捡了芝麻丢了西瓜，准确把握问题的实质，需要沟通者具备去伪存真、抓住要点的能力。

3. 全面性

信息全面是为了避免重复劳动，降低沟通的成本，避免反复的沟通，从而影响到沟通的效果和沟通对象的好感度、配合度，以避免不必要的反复，给沟通对象留下良好的印象。譬如在电话沟通业务问题前最好列好要点，避免挂一漏万，仓促之中无法保证全面、完善，应当在事先做好准备。又如很多人回信息很短：今晚在 ×× 酒店，敬请光临！下面也没有宴请人姓名，结果届时发现邀请的客人没有光临，再次确认时发现问题了，原以为对方一看短信就应该知道谁请客的，谁知对方换了手机有些通信方式漏掉了，而且也没有写明具体哪个包间、因为什么原因请客等，被邀请的人认为是有人开玩笑呢，凡此种种，因为在沟通中传递的信息不全面，造成的笑话也很多，多次反复而影响效果的例子也是比比皆是，所以，沟通或传递信息切忌预设前提，或者惜字如金，从而影响到沟通的效果，增加沟通的成本和复杂性。

4. 及时性

沟通需要及时。所谓时过境迁，就是指在当时认为很重要的或者很必要的沟通，过了一段时间后发现根本就没必要了，或者没那么重要了，或者沟通没什么意义，或者错过了沟通的最佳时机，小问题、小矛盾已经演变成了大问题，此时已经是追悔莫及了。所以，沟通一定要及时，遇到问题不要回避，除非为了某种战略考虑故意为之，否则，应当在遇到问题时及时沟通，尽量尽早地发现问题、解决问题，通过彼此之间真诚、坦率的沟通以达成共识或谅解，有利于矛盾的妥善解决。

5. 直接性

绝大部分的情况下，为了保证沟通的效率，沟通应当直奔主题，切忌云里雾里绕了半天还让人不知所云，从而引起沟通对象的反感，耽误了解决问题的时机，小病拖成了大病，增加了解决问题的难度。当然，除了一些重大、复杂的问题，或者为了解决问题的目的考虑，如果单刀直入并不利于解决问题，则可以从战略上考虑采取迂回的策略，譬如一些尴尬却又无法回避的问题等。

◎ 沟通策略

谈判是相对双方通过语言的交流、沟通以达成自我利益最大化的过程，谈判中大量的工作是人与人之间的沟通，这种沟通存在于相对方之间，也存在于己方谈判组内部成员之间，以及谈判组成员与上级领导三方面之间。

沟通的目的是融洽谈判的气氛，通过语言准确表达自己的意思，传递、了解对方的意思，在沟通中相互了解、相互理解，因此，沟通的技巧与效果直接关乎谈判的效果。沟通是为了解决一定的问题，实现一定的目的而进行的，为了达到良好的沟通结果，必须学习一些沟通的策略与技巧：

1. 学会倾听

良好的沟通首先必须从倾听开始，通过耐心、全面的倾听，一方面，可以让沟通对象充分表达意愿、想法，获得全面的信息，从而帮助你充分了解对方真实的内心世界、对问题的具体看法；另一方面，通过倾听，能获得对方的好感，让对方建立起对你的信任，从而有利于创造良好的沟通氛围。

2. 切忌直接否定对方的观点

沟通必须在互相认可的前提下，才能获得良好的效果。如果简单粗暴地否定对方的观点，则容易产生敌对的情绪，或者对方否定的态度，从而使沟通的效果大打折扣。

3. 充分体谅对方的感受，感同身受，寻找共同的话语

可以从对方关心的话题入手，寻找共同的兴趣点，获得广泛的共鸣，从而拉近谈判双方彼此间的距离。

4. 表现出亲和力

亲和力的充分体现，能迅速地拉近与沟通者的距离，减少隔阂，使沟通变得容易和顺畅。陌生或隔阂会在人与人之间树立起一道墙，增加沟通的成本与难度，但亲和力却可以轻而易举地打破这种隔阂，譬如亲切的微笑、细节的关怀，嘘寒问暖等，都是增加亲和力的最佳途径。

5. 肢体语言的运用

肢体语言的含意非常丰富，包括我们的肢体动作、表情、眼神。实际上，我们的声音里也包含着非常丰富、细腻的肢体语言。我们在说每一句话的时候，用什么样的音色去说，用什么样抑扬顿挫的音调与节奏去表达等，这都是肢体语言的一部分。

我们说沟通的模式有语言和肢体语言两种，语言更擅长传递的是信息，肢体语言更善于沟通的是人与人之间的思想和情感。

美国的推销员有时候会在演讲时运用一种类似表演的手法来吸引观众。比如，在说明中夹杂着稍微夸张的姿势和手势，把事前藏在演讲台中的样品突然展示出来，让观众大吃一惊。我们也应该学习这种推销演讲方法。推销演讲并不只是一个介绍商品的场合，还是一个展现自我、推销自我的表演场所。你应该避免被别人批评说“商品倒是不错，可是推销的人有点……”；应该努力争取让别人称赞说“商品虽然一般，但是推销员很热情”。推销演讲时有一条非常有效的法则，就是“夸张表现”。也就是说，动作要稍微夸张一点。也许你会觉得非常不好意思，但是这样做能够使听众不仅注意到商品，还能注意到你。

很多心理学的实验都证明，人们的注意力会被“活动的事物”吸引。

以高超的演讲技艺闻名的美国前总统约翰·肯尼迪能够在演讲中成功地运用动作来吸引人们的目光。他能够巧妙地运用手势，表达他想表达的事情，而且还会用左手叩击右手的动作，来表现他的气势。

例如，手势大约有以下几种用法，供大家参考：

（1）手臂和手掌从上往下压的动作，表现“有力”“权威性”。

（2）手臂和手掌从下往上抬的动作，表现“温和”“友善”。

（3）手臂向两边伸展开，手掌向上抬的动作，表现“接受”“赞同”。

当谈判的对方怎么都不肯让步，或想让优柔寡断的对手做出决定时，使用手臂和手掌从上往下压的手势非常有效。想向对方展示你温和的一面时，不妨试一下手臂和手掌从下往上抬的动作。

6. 积极反馈

所谓反馈就是在沟通过程中，对沟通对象所表述的观念、想法和要求给予态度上的回应，让对方明白自己的态度和想法。这种反馈既可以主动寻求，也可以主动给予。

在现实中，有些管理人员总是想到要把自己的观点、想法灌输给对方，让对方无条件地接受，往往不寻求对方的反馈，或不对对方的反馈进行分析，调整自己的想法和思路。其结果是沟通的时间花了不少，但却毫无沟通效果，总是“沟”而不“通”。

对于一个完整的、有效的沟通来说，仅仅有表达和倾听是不够的，还必须有第三个环节——反馈，即信息的接收者在接收信息后，及时地回应沟通对象，向沟通对象告知自己的理解和意见、态度，以便澄清“表达”和“倾听”过程中可能出现的误解和失真。

沟通积极反馈的基本要求如下：

（1）避免在对方情绪激动时反馈自己的意见，尤其当要作一个与对方所寻求的意见不相一致的反馈时。

（2）避免全盘否定性的评价，或者向沟通对象泼冷水，即使要批评下属，也须先赞扬下属工作中积极的一面，再针对需要改进的地方提出建设性的建议，以让下属能心悦诚服地接受。

(3)使用描述性而不是评价性的语言进行反馈，尤其强调要对事不对人，避免把对事的分析处理变成对人的褒贬。既要使沟通对象明白自己的意见和态度，又要有助于对方行为的改变。

(4)向沟通对象明确表示你将考虑如何采取行动，让对方感觉到这种沟通有立竿见影的效果，以增加沟通对象对你的信任。

站在沟通对象的立场上，针对沟通对象所需要的信息进行反馈。

反馈要表达明确、具体，若有不同意见，要提供实例说明，避免发生正面冲突。要把反馈的重点放在最重要的问题上，以确保沟通对象的接受和理解。

7. 设身处地为对方着想

在沟通时可以用“假如我是你……我也会有同样的感受，或者作出同样的判断或举动”等表述，让对方感受到他这样做具有相当的合理性，并不是心血来潮，是会得到别人的同情与认可的。

此外，在沟通的方式上还可以采用拉家常的方式，谈判中由于双方利益不一致，特别是零和博弈的谈判，往往是一场剑拔弩张式的对话，有时为了缓解一下紧张的气氛，可以适时转移一下话题，拉拉家常，谈谈国际形势，如当前的中美贸易摩擦、中国科技发展的新突破、行业的最新发展形势等，让谈判双方多日紧绷的神经适当放松下来，更有利于达成良好开端。

谈判与沟通的关系

谈判与沟通是一种相辅相成的关系，两者你中有我，我中有你。

谈判的过程离不开沟通，谈判的过程需要大量的沟通，沟通贯穿在谈判的整个过程之中，通过沟通了解对方参与谈判的目的、意图、双方的共同点与分歧点所在、如何达成双赢等。而沟通的目的是达成双方信息的充分交换，了解彼此，协调谈判的节奏，是为了谈判的顺利推进，通过沟通让对方了解我方的想法、目的和意图，使双方能够站在互利的角度看待问题、看待彼此分歧，从而达成谈判的最终目的。谈判是宏观概念，其中包含了沟通、博弈、竞争等多方面、多种方式的运用，而沟通是其中的一种，也是其中最常用、最普遍的一种方式。

谈判与沟通是一种辩证的关系。谈判是过程，有着明确的最终目的；而沟通则是谈判过程中的手段、工具，通过沟通解决谈判过程中的具体的问题，解开双方的心结，增进彼此的了解，磨合彼此的关系，创造良好与和谐的气氛，推动谈判的进程与顺利进展，是谈判过程中必不可少的柔性手段。

沟通需要细腻的心思，需要良好的沟通技巧，甚至需要一定的心理学知识和经验，能够察言观色，通过细微之处的变化与特征，发现对方的心理活动，了解对方的真实想法与意图，然后才能为我所用，从而为谈判创造良好的氛围。

沟通与谈判的主要区别在于：

（1）沟通有时发生在内部人之间，有时发生在相对方之间；而谈判一般发生在相对方之间。

（2）沟通的目的在于协调相互之间的关系，就某个问题达成共识，或至少达成彼此的包容、求同存异。

而谈判则往往一种博弈，一种合作共赢的博弈，为了达成某种交易，通过利益上的讨价还价达成某种妥协。

谈判的原则

谈判是一个目的性极强的结果导向性活动，谈判方应该有明确的意图并追求事先达成的谈判目标，同时又是一项技术性很强的交流艺术，需要谈判者具有与谈判有关的多方面的知识与经验，能够控制与把握谈判的方向与节奏。谈判中应当遵循一定的原则，以保证谈判的方向并服务于谈判所追求的结果。

所谓谈判的原则就是指贯穿于整个谈判过程，对谈判起着方向性、指导性作用的守则、准则，也是在谈判过程中必须遵守的基本规范。遵循必要的谈判原则，是谈判获得成功的基本保证。充分了解谈判原则，有助于掌握和运用谈判的策略和技巧，确保谈判的成功。

1. 结果导向原则（或称“目的性原则”）

每个谈判都有着非常明确的目的，这是谈判者通过谈判追求的目标。而所有谈判的策略、安排、进程、组织都必须紧紧围绕谈判的目的来进行，以确保谈判过程中方向的正确，一切安排必须服从谈判的大局，凡是与谈判目的相背离的安排都必须摒弃。

谈判需要耗费大量的人力、财力、物力，特别是一些涉及利益巨大、关系重大的谈判，以及复杂的谈判，往往需要谈判双方付出巨大、艰苦的努力，无法一蹴而就，甚至需要双方动用多方面的专业人才、专家，目的就是解决一些重要的问题，追求谈判最终想要得到的结果，因此，任何时候不能忘了谈判方肩负的重任，以结果为导向，才能确保谈判沿着正确的方向不断推进。

2. 折中原则（或称“妥协原则”）

谈判就是双方通过沟通、协调、磋商达成协议，达成具体的解决方案的过程，也是一个达成合作共赢的过程，而不是追求一方全胜，一方完败的“零和博弈”的过程，那就不是谈判，因此，在谈判过程中，要能达成双方都能接受的方案，必然需要妥协，遵循折中的原则，该让步的地方就要适当让步，以保全大局，达成谈判的终极目标。

在谈判中，人们经常会发现，由于双方对同一问题的期望值存在差异而导致谈判进程受阻。事实上，在很多情况下，大家只要认准最终目标，在具体的问题上完全可以采取灵活的态度、变通的办法，使问题迎刃而解。妥协虽然有些时候看起来是一种让步，但更是一种谈判者智慧的体现，在某些时候则仅仅是为了寻求折中的替代方案。这就要求人们不应在自己的立场上固执己见，而应积极去寻找隐藏于各自立场背后的共同利益，任何一方的固执己见只会使谈判陷入僵局，从而最终也无法保证己方利益的最大化。

3. 求同存异原则

谈判中有了明确的主要目标以后，对于一些次要目标、附带条件就不用太过在意，不可能指望谈判双方能在所有问题上达成共识，如果能在主要目标上达成一致的话，对于其他的问题要么可以用来作为交换的条件，要么可以暂时搁置，以避免在次要问题上纠缠不休导致无法完成主要目标和主要任务。

谈判中应允许双方在很多问题上存在不同的想法和看法，谈判的过程就是一个互相释明的过程，解决主要矛盾的同时也要允许在其他问题上双方能够求同存异，这样才不至于本末倒置。

谈判过程中，总有一些问题双方容易达成妥协，而另一些问题则面临着双方僵持的局面，如果要保证谈判的顺利进行，必须学会求同存异，通过先易后难的办法不断扩大双方的共同利益部分。谈判过程中也必然涉及双方利益的博弈，要想合作共赢，就必然要照顾到对方的利益，这就要求双方应该互相让步、妥协，才有可能推进谈判有所进展。

谈判是双方为了谋求观点、利益、做法等一致而进行的协商。既然是为谋求一致，那么在谈判之前，双方就必然会在各方面存在“同”与“异”。因此，为了实现成功的谈判，谈判者就应当遵循求“大同”存“小异”的原则。求“大同”是指谈判各方在总体上、原则上必须一致，摒弃细枝末节的分歧和不同的意见，从而使参与谈判的各方都感到满意，这是谈判成功的基础。没有这一基础，谈判必然失败。存“小异”，就是谈判各方必须做出适当的让步，使得与自己的利益要求不一致的“小异”，也允许存在于谈判协议之中。谈判双方应该在关心自身利益的同时，也注重对方的利益，双方根据需要与可能，有来有往，互通有无，做到双方互利。

因此，在谈判中，谈判双方首先应一起努力扩大双方的共同利益，而后再来讨论与确定各自分享的比例，这也就是谈判界常说的“把蛋糕做大”，寻求共同利益的最大公约数。谈判在很大程度上取决于能不能把蛋糕做大，通过双方的努力降低成本、减少风险，使双方的共同利益得到增长，这将使双方都有利可图。项目越大，越复杂，把“蛋糕”做大的可能性也就越大。

4. 效率原则

谈判也是有成本的，时间成本、人员成本、场所及费用成本，因此，效率原则也是谈判所追求的重要目标之一。但讲究谈判效率还是必须服从于谈判的大局，即谈判所追求的根本目的，不能单纯为了提高效率而牺牲谈判中的重要利益，有时进展顺利，有时必须慢工才能出细活，这些都需要谈判者审时度势，从全局出发考虑做出妥善的安排。

效率原则要求谈判的组织者、参与者应当为谈判做好事先、事中充分的准备，地点的选择、人员的配备与分工、相关器具及材料的准备、资源的配置、备选的方案等必须围绕谈判进行适当的调配，以保证谈判顺利、高效地进行，同时，确保每次谈判形成合意时及时形成双方签字的文字材料，最终形成谈判的成果性文件。

准确把握谈判的原则，能确保谈判能按照既定的方向、预定的目标稳步有进地推进，解决需要解决的问题，保证谈判的结果能符合谈判者的诉求，达成谈判的目的。

沟通的原则主要包括主动性原则、针对性原则、坦诚原则、及时原则、立场原则及适当性原则。

谈判中博弈的运用

◎ 博弈论概述

博弈论最早由美国经济学家冯·诺依曼于 1937 年提出。博弈论可以分为合作博弈和非合作博弈理论两类，前者主要研究人们达成合作时如何分配合作得到的收益，即收益分配问题，强调团体理性。而后者是研究人们在利益相互影响的局势中如何作出决策选择使自己的收益最大，即策略选择问题，强调个人理性。博弈论是二人在平等的对局中各自利用对方的策略变换自己的对抗策略，达到取胜的目的。博弈论思想古已有之，中国古代的《孙子兵法》就不仅是一部军事著作，而且算是最早的一部博弈论著作。

博弈论是现代商务谈判中常用的关键理论之一。

博弈论考虑游戏中的个体的预测行为和实际行为，并研究它们的优化策略。近代对于博弈论的研究，开始于策梅洛（Zermelo），波莱尔（Borel）及冯·诺依曼（von Neumann）。1928 年，冯·诺依曼证明了博弈论的基本原理，从而宣告了博弈论的正式诞生。

◎ 博弈论在商务谈判中的应用

1. 博弈论与商务谈判的关系

商务谈判是指有关双方或多方为了达到各自的商业目的，就涉及双方利益的标的物的交易条件，通过沟通和协商，争取达到各方都能接受的协议的过程。它具备博弈论运用的共同特征：有参与者，有可供选择的策略集合以及参与各方的较量和结果，因此，博弈论在商务谈判中有着广泛的应用。

从博弈论的视角，商务谈判可以分为零和博弈谈判和非零和博弈谈判。零和博弈谈判又称为对立型谈判，非零和博弈谈判又称为合作型谈判。在零和博弈谈判和非零和博弈谈判中所用到的战略战术是不同的。零和博弈就是指在谈判中只能出现非赢即输的局面，一方的成功必须以对方的失败为前提，一方的获利必须以对方付出代价为前提，没有折中的方案。而非零和博弈则是彼此可以通过谈判找到一种折中的方案，从而使双方通过让步都能达成彼此可以接受的合作方案，主要研究人们达成合作时如何分配合作得到的收益，即收益分配问题，强调团体理性。所以说非零和博弈是一种合作共赢的结果，更容易为双方所接受。

在世界经济一体化的今天，国家、企业和个人都越来越强调合作共赢，单个人、单个组织或经济体或者单个国家有时很难独自面对挑战或独自解决一些疑难、复杂的问题，或者完成某个较大的经济活动项目，这就需要人们之间的互相合作，奉行单边主义的“零和博弈”很难获得成功，更多来自自然界、经济社会的挑战需要多方共同面对，因此，我们需要合作。而合作又必须通过谈判来达成，通过谈判明确各自利益及权利义务的边界。而合作型的谈判则需要以非零和博弈的方式来进行。

在零和博弈谈判中，谈判参与者的利益是对立的，谈判双方的利益之和是一个固定的数值，双方要通过谈判来分割这个固定利益。讨价还价谈判通常都是零和博弈谈判。买方利益的增加是建立在卖方利益降低的基础上，反之亦然。

而在非零和博弈中，交易各方的关系十分复杂，特别是当谈判有多个参与者时，谈判参与者之间的相互博弈关系更是复杂多变的。

2. 博弈论基础上的谈判程序

在博弈论基础上的谈判程序如下：

（1）合理确定双方的风险值，对交易双方的交易内容进行评估确定；

（2）确定合作的剩余，对双方的合作剩余进行分配；

（3）交易双方互相谅解，达成双方都可接受的对剩余价值分配的合作协议。

3. 博弈论与交易的双赢

如何获得谈判的双赢，必须做到：第一，在谈判前要尽可能地准确掌握关于谈判本身以及对手更多的信息。尤其是要对对方预期价格进行合理估计。第二，谈判过程中要坚守立场，不能被对方的威胁等技巧所控制，要学会应对对手的各种谈判技巧。第三，在谈判过程中一方面要努力寻找可选择的潜在的谈判伙伴，努力使谈判朝着有利于己方的方向前进；另一方面还要考虑到对手的形势，并要对对手对于任何可能发生的情况的可能反应做到充分的预期。

4. 博弈论在商务谈判中的意义

当谈判只有两方参与时，谈判博弈相对简单。当谈判有多方参与时，谈判博弈复杂度陡升。谈判参与者应当充分了解谈判中的博弈过程和利益格局，才能获得最大利益。商务谈判的过程，尤其是价格谈判的过程，实际上就是一个博弈的过程：谈判在双方轮流出价的博弈中，双方具有不完全对称的信息，都对成交价格有一个预期，也就是他们各方的心理价位。归根结底，只有双方通过合作博弈，才能获得对交易剩余的分享。

调解成功的秘诀

◎ 调解概述

调解是指由第三人（调解员）在当事人之间调停疏导，帮助交换意见，提出解决问题的建议，促成双方化解矛盾、达成和解或达成解决问题的方案的活动。

调解也是谈判的一种，与一般的谈判不同点在于调解是在有第三人参加的情况下开展的谈判。此时，第三人不是谈判双方的裁定者，而是负责组织引导、促进双方继续谈判并朝着和解的方向努力，因此，调解是建立在谈判基础上的一种和解过程，由于调解员的加入，使之进入了更高阶段的谈判。在调解过程中，谈判双方一方面要尽力说服对方，同时也要尽力说服第三人接受、认可及支持己方的意见和建议。所以说，调解是一种特殊形式的谈判。

在我国，作为一种争议解决方式或争议解决的前置程序，调解目前主要有诉讼调解（法院在诉讼过程中的调解）、行政调解（行政机关在执法过程中的调解）、仲裁调解（仲裁机关在仲裁过程中的调解）和人民调解（群众性组织即人民调解委员会的调解），但这四种形式本身都是法定的争议解决程序的前置程序，属于解决争议方式中的一个阶段。从广义上来讲，任何有独立的第三人参与以解决争议和矛盾的谈判，都可以称为“调解”。

作为参与调解的第三人，应当具有独立性。独立性是调解双方愿意接纳其参加的第三人的首要前提，如果没有独立性或失去了独立性，则第三人就成为其中一方的支持者、拥护者或者帮助者，这样对另外一方来说也不公平，从而也不会被接受参与调解，即使参与了，也变成两方对一方，而不是调解的概念了。

另外，作为双方都能接受的调解方，一般还应具有一定的专业性、权威性和公正性，所以才能为各方所接受，从而也能在双方谈判过程中施加影响，帮助推进问题的解决。

◎ 关于《联合国关于调解所产生的国际和解协议公约》

商事调解是指所调解的内容与商事活动有关，或者是为了一定的商业目的。

随着争议多元化解决方式的兴起，尤其是2019年8月7日《联合国关于调解所产生的国际和解协议公约》(以下简称《新加坡调解公约》)的开放签署以来，调解得到越来越广泛的运用，特别是在商事领域，由于商事活动讲究效率、隐私性及保密性等特点，商事调解在商事争议解决方面越来越受到青睐，各种专业性的调解机构也应运而生。

《新加坡调解公约》是由联合国国际贸易法委员会历时四年研究拟订的，并经联合国大会会议于2018年12月审议通过的国际公约。公约旨在解决国际商事调解达成的和解协议的跨境执行问题。2019年8月7日，首批46个国家在新加坡出席会议，签署《新加坡调解公约》。其中包括中国、美国、印度、韩国以及多个东盟国家，另有24个国家的代表出席了签署仪式和相关会议。《新加坡调解公约》是第一份关于调解的国际公约，确立了关于调解的国际合作，明确了调解的适用范围、一般原则、保留、和解协议的效力、生效等方面的问题，且仅适用于商业和解协议。《新加坡调解公约》强化了商事争议解决方面的国际法治规则，凸显了多边主义价值。《新加坡调解公约》的诞生，说明在国际商事领域的争议解决中，调解扮演着越来越重要的角色，成为国际商事争议解决除了司法裁判、仲裁以外的“第三驾马车”。

◎ 调解成功的秘诀

调解作为一种争议解决方式，有着灵活、便捷、高效等特点，需要解决争议或谈判的双方可以随时随地邀请双方都认可的第三人参与调解，首先，双方对于调解方存在一定的信任度和认可度，这也是调解产生作用的前提。如果一方不接受，就不可能产生调解，即使调解了也不会产生双方都接受的结果。

调解成功的秘诀在于双方虽然有争议、有分歧，但还没到关系彻底破裂、需要撕破脸皮的地步，或者双方的矛盾还不至于完全不可调和，或者双方不希望诉诸其他解决方式，甚至为其他人所知，这种情况下，调解可能是最好的选择。

调解想要获得成功，作为独立的第三人参与调解的调解方的作用很重要。

首先，调解方应当充分了解争议的背景、背后真实原因及谈判双方的真实想法，找到问题的症结所在及双方争议的焦点所在，信息掌握的越充分，调解方能发挥的作用就越大。

其次，按照价值或利益最大化的顺序，分别对各方诉求进行排序，哪些是可以作出让步的？哪些是必须坚持的？看看通过条件交换、降低期望值、各自让步等办法，是否可以形成妥协的方案。

最后，调解方应当熟悉相关的法律法规，对于后果的判断、多种解决方案的考量以及可能的法律后果作出适当的预判断，对于谈判双方的态度都会产生重要的影响，甚至将决定双方是否同意接受调解以及调解方案。

☞ 示例 2：调解解决争议，互相留有面子

笔者有位中学同学 A，应其同班同学 B 之邀于 2013 年在其和妻子

C、大姨子D共同投资入股的某山庄投资了30万元，目前，山庄由同学B的小舅子E负责日常的经营管理。其中，B在公司占股70%，是大股东。一晃过去6年了，山庄从未向A披露过经营及财务情况，也未有过任何分红，最近一段时间听B说夫妻关系不好，濒临离婚的边缘了，这下A有点着急了，于是，找到笔者跟B一起前往山庄进行协调、谈判，看如何解决问题，安全地撤回投资。

2019年8月，笔者随同学A夫妇及B一行四人前往山庄，到了山庄饭后稍事休息，就开始谈判。E先开始，侃侃而谈一个多小时，主要讲述了山庄经营如何困难，面临亏损，自己已经投入了大量的人力、财力，叹了很多苦经；随后B也发表了自己的意见，大致是自己是大股东但对于山庄的经营情况也不知情，完全由E一手把持，现要求E提供财务账册，了解公司的财务状况；而A夫妇则抱怨投资6年来一分收益也没有，也无从了解公司的经营及财务状况，股东权益完全得不到尊重和保障。三方一番唇枪舌剑就已经过了两个小时，笔者随后对于大家陈述的情况进行了梳理：

首先，A作为公司的股东，入股六年多来股东的知情权应当得到尊重，作为目前控制及经营公司的E有义务配合提供相关资料和信息。

其次，E说这些年自己虽然不是股东，但投入很多，应当有相应的证据支持，考虑到亲戚这层关系，确实能查证属实的，应当得到认可。

最后，关于A投资的30万元怎么处理想听听各方的意见。

E的意见是公司都是他一个人在经营，他最清楚，所以，最好由他继续经营，因这些年来确实没有什么盈利，A的投资款30万元只能保证原款返还，当前公司资金紧张，只能保证若干年内分期偿还。A当即表示不能接受，A的妻子对此抱怨了一大堆，当初就是看在同学的份上帮忙入股的，就是借款这么多年还应有不少利息呢。

为此，笔者就私下向 A 和 B 进行了进退的利弊分析。首先，B 是大股东，有权立即通过召开股东会收回公司的经营权和控制权，这点虽然麻烦但没有法律上的障碍，但问题是公司控制权收回后 A 和 B 谁愿意或有空来经营管理这个位于句容的山庄呢？A 家住南京市，有单位，B 常年在浙江从事其他业务经营，如果这个问题解决不了，就不能贸然收回山庄的经营权和控制权。其次，既然 E 愿意退回 A 的投资款，只是在退回的付款时间、金额上存在差异，那么有空间可以谈判。而且，既然 E 还想继续经营山庄，说明经营对他来说是有利可图的，这就是我们谈判的筹码和抓手，以此来争取在付款时间和本息上更有利的条件（见图 1）。

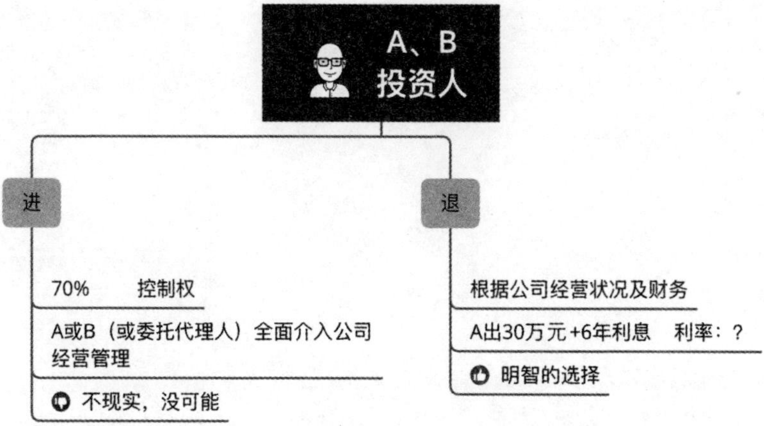

图 1　A、B 投资人进退利弊分析

果然，经与 E 反复商量，最终同意以比银行的贷款利率高的基础上计付 A 的投资款利息，本息合计 45 万元，考虑到山庄还在不断的建设中，A 也同意了 E 在一年内分期退回投资款本息的方案。在分析各方诉求的基础上，终于达成了一个彼此都能接受的共赢方案。

第 2 讲

谈判的步骤及对策

荀子曾说："君子生非异也，善假于物也。"每个人并非都能生而异于常人，只是聪明人善假于物，即善于借助外力、利用外来的条件与帮助以达成自己的目的。聪明人善于借助天时、地利、人和，懂得借外界的力量，往往会起到事半功倍的效果。

第2讲 谈判的步骤及对策

谈判前的筹划

荀子曾说:“君子生非异也,善假于物也。”善于借助外力与工具,是人类最早区别于动物界其他动物从而脱颖而出的特点之一,聪明人善于借助天时、地利、人和,因为一个人的能力毕竟是有限的,不可能面面俱到,懂得借外界的力量,往往会起到事半功倍的效果。

◎ 谈判前的铺垫

在每次与客户谈判之前,特别是一些正式及重要的谈判中,想要拿下这个客户,就必须事先做一些必要的铺垫。这里指的铺垫就是要有一个站在客户方面的支持者。这个支持者和客户是在一条战线的,可以称为自己人,自己人说一句话,要比我们说十句都管用。因为我们和客户所站的立场不同,不管我们在说什么,客户都会认为我们是在为自己的利益考虑,是利益的相对方,是他们利益博弈的对象。

在这个时候，最好的办法就是在客户方寻找一个同情者、支持者，或许他只说一句话，就会改变最后的结局。不要小看客户身边的任何一个人，他们都起到决定性的关键作用。当然，客户身边的人肯定不会平白无故地帮你，你要给他一个充分的理由，这样他才会心甘情愿地为你说好话。一个人能否把一件事情做好，主要是看他能动用多少力量为自己做事。你每多动用一份力量，谈判成功的可能性就会越大。

示例 1：人情关怀给竞争添优势

赵飞是一个电磁炉销售员，最近她在跟进一个大客户，如果能够把这个客户拿下，就会给自己和公司带来更多的利润。盯着这个大客户的肯定不只是她一个人，她有一个比较强劲的竞争对手，这个竞争对手的产品在质量上和赵飞不相上下，但他的公司是一家国内有名的企业，如此算起来，赵飞的胜算确实不大。这个大客户一时也难以决定，就想在谈判以后，再选择自己的合作伙伴。

赵飞也知道自己处在劣势的地位，但是她并没有选择放弃，而是努力寻找其他的突破口。正在这个时候，这个大客户的宝贝女儿突然生病了，还在医院里做进一步的治疗。赵飞得知这个消息以后，就立即买了一些鲜花和水果，到医院里去看他的女儿。女孩的妈妈在医院守着她，看到有人来探望，她的心里充满了感激，拉着赵飞的手和她说了好多话。赵飞看出来妈妈对孩子的病是那么的关心，就把自己所懂的医学常识说给她听。赵飞和孩子的妈妈聊得很投机，她们整整聊了一个下午，经过这次谈话，赵飞和客户的妻子成了很好的朋友。

事后，妻子就把这件事情告诉了客户，使客户心中的想法有了一个转向性的变化。在刚开始，客户总是以为，购买产品还是大公司更有保障，所以刚开始的时候已经有点想放弃赵飞。这件事证明，他的想法并不一定对，赵飞的公司虽然小了一点，但是对客户的关心却一点都没有减少，做事很有人情味，如果能和她进行合作，自己的权益包括后续的服务肯定能得到更好的保障。想通了这一点，客户最终选择了赵飞作为合作对象，在谈判还没有开始的情况下，就打败了一个竞争对手。

在双方进行谈判的过程中，由于客户对赵飞已经有了一个非常好的印象，谈判就变得特别的轻松，并且在谈论价格的时候，赵飞给出的是一个很公平的价格，在价格上客户也没有做大的打压，双方的合作变得异常顺利。

在谈判过程中，真诚地关怀往往很能打动人，能让客户放下自己心中的戒备，拉近彼此的距离。当他对你产生信任和亲切感的时候，很多问题就会迎刃而解。所以，在与客户进行谈判的过程中，应该以情感为主、利益为辅，不要把主次的顺序给颠倒了。

在这个竞争日益激烈的时代，掌握住与客户谈判的技巧是非常重要的，它能够能为你赢得更多的机会。

◎ 谈判前的筹备

谈判是一项专业且复杂的工作，重要的谈判往往需要多人参与，为了达成商务谈判的目的，往往在谈判开始前就需要做好充分且周到的筹划与准备工作，才能保证谈判的顺利进行。

一般来说，谈判前的筹划与准备主要包括以下几个方面：

1. 收集信息、提供资料、参与拟订谈判计划和设计谈判方案

在谈判前尽可能充分了解己方和对方的实力对比、目标意图和双方可能的底线及退让的幅度，这是必不可少的准备工作。古语云：知己知彼，百战不殆。只有做好充分准备，我们才能胸有成竹地独自或陪同上司

坐在谈判桌前，与对方就共同感兴趣的事情讨价还价。因此，收集谈判双方的信息资料，尤其是对方的真实情况，譬如，对方单位的基本情况，如法人资格、资信状况、法定地址、本人身份和经营范围以及企业现状，参与谈判的目的和诉求，对这些基本情况事先应予审核或取得旁证。如果对方是外商，这时信息资料最好由我国驻外商业机构和可靠的外国商社或外国朋友提供，也可由外商提供，不过要判断其是否可靠。还有谈判对方负责人及主要成员的个人情况，如国籍、民族、性别、年龄、学历、资历、个性特点、爱好、风俗习惯、价值观念等。还要研究谈判对手的谈判风格、成员搭配，对方可能采取的谈判策略、谈判方案及谈判步骤，对方可能掌握了我方的哪些情况以及其他可能跟本次谈判及谈判人员有关的情况等。

商务谈判的成败，谈判者地位的强弱，往往取决于其中一方对信息资料的掌握程度。掌握信息资料越多，在谈判中越容易驾驭谈判的进程。通过这些了解和分析，对双方在谈判中所处的地位，各自最大的需求和让步的范围、幅度、谈判的时限等有一个清醒的认识。这样，在谈判中就能做到审时度势、进退自如。

☞ 示例 2：谈判前准备工作越充分、信息收集越细致，成功可能性越大

谈判前期最重要的准备工作就是收集信息和资料并加以分析，这样才能在谈判中给对方留下深刻的印象，掌握谈判的主动权，确保谈判的成功率。

罗佩萍，现为新百伦 (New Balance) 全球总公司的执行董事，也是最年轻的最高决策层成员，全球分公司唯一的华裔女性总经理，毕业于美国旧金山州立大学国际贸易专业。从公司最底层的业务员开始干起。她工作很用心，除了手头的事务，还会时常留意进出手中的衣服和鞋子，她

发现有个牌子的运动鞋非常好穿，虽然卖得不多，但销量稳定，而当时我国台湾地区的市场却没有人代理，于是罗佩萍找了两个帮手成立了自己的公司。到今天很多人仍然想不通，年纪轻轻的罗佩萍凭什么能争取到全美第二大运动品牌 New Balance 台湾地区的代理权？而那一年，罗佩萍才是个 20 出头的小姑娘，而且从来没有经销过运动鞋甚至运动产品。为了拿下 New Balance 台湾地区的代理权，罗佩萍花费了整整一年的时间，跑遍了台湾地区所有的运动商场，做了大量的市场调研并形成了厚达 200 多页的关于运动鞋的台湾市场调研报告，随后，她一个人冲到美国 New Balance 公司总部，要求跟公司的主管谈台湾地区的代理权。但公司的人看到她一个小姑娘根本不予理睬，但罗佩萍似乎坚定了信念，一趟趟跑公司总部，后来公司主管实在不忍心答应了罗提出的“只要给我 20 分钟”的要求，同意听听她怎么说。由于事先做足了功课，为此做了充分的准备，收集的大量的信息、资料及数据，她对此已经做到了然于胸，所以一开口，罗佩萍把人家鞋子的历史、现实、未来、市场定位、竞争对手及自己的营销策略、市场空间等涉及在台湾地区经销 New Balance 的所有细节及未来计划说得头头是道，最后，原定的 20 分钟不得不一再延长至长达 6 小时，罗佩萍终于以其精心的准备成功地说服了主管，一举拿下了 New Balance 台湾地区的代理权。

2. 拟订切实可行的谈判方案

企业秘书或老总助理要协助上司拟订谈判方案，并做好预演，以保证谈判有条不紊地进行。

(1) 确定谈判班子、谈判团队成员。选择适当的成员组成谈判班子，是谈判能否取得成功的关键。一般的谈判班子以三四人为宜，负责人领军，他既是导演又是主演，其他包括秘书则是配角，以及专业人员、业务人员、律师以各自的专业经验协助上司谈判。如对外投资一般需要行业专家、技术专家、投资经理、财务人员及法务人员等多方专业人员的分工协作。

（2）确定谈判时间。谈判于何时举行、何时结束以及分成几个阶段都很有讲究，有时候甚至会影响谈判的过程和结果。谈判必须等候合适时机，否则难以达成预期目标。除此之外，要避免在上司或其他重要谈判成员身体不适、过度疲劳、精神心情不佳时安排重要的谈判。另外还要尊重对方，在征求对方意见的基础上，经过充分协商，选择双方都认可的时间举行谈判，这样既显示了己方的诚意，又显得有礼有节。

（3）确定谈判地点。一般来说，选择谈判地点，以自己越熟悉的环境越好，因为每个人都天生具有领域感，在自己所熟悉的环境里更能得心应手地发挥自己的睿智与口才，容易保持良好的心态和自信，而且容易说服对方。谈判环境不仅是指谈判的地点，而且还包括装饰、布置，以及谈判时的气氛和情绪。谈判环境的优劣会对谈判产生严重影响。在舒适明亮、色彩悦目的房间里，人们容易心平气和、思维清晰，便于倾听和理解对方的意愿和要求，作出恰当的反应。反之，人就会烦躁不安，思维呆滞，情绪恶劣。

（4）确定谈判主题。每次谈判必然围绕一个核心的主题，也是谈判的目的和根本任务所在，但谈判的主题和目的又有所区别，例如：一笔出口业务的合同谈判的目的是做成这笔交易，从而获得合理的利润，而谈判的主题则是合同如何按照己方的意图确定合同的条款，尤其是价格条款。从中还可以看出，有时谈判并不止一个主题，可以分为核心的主题和次要的主题，两者是相辅相成的关系，是必要的组成和补充的关系。谈判的主题是双方谈判必须围绕的核心问题，是通过谈判需要解决的问题，因此，在谈判开始前必须确定谈判的主题，以便双方围绕该主题各自准备，发表谈判意见，论证我方诉求的合理性。

(5)确定谈判事项日程表。设计方案时，要对对方可能提出的方案作出预测，并提出自己应对的方案。只有这样，对手提出方案时，才能应付自如。谈判方案应尽量切实可行，并且留有现场发挥和见机行事或者必要的调整空间。所有成员都应谙熟谈判方案，以便协同作战，争取达到最理想的效果。还要绝对保守谈判方案的秘密，否则将会造成谈判的失败。

针对一些重大事项的谈判往往无法一蹴而就，应假以时日，可以分为若干个阶段，因此，在谈判前必须对谈判的日程表作出预先的设想，并且引导对方同意按照我方提出的日程表作出相应的安排(见表 4)。

表 4　谈判日程安排

步骤	准备内容	重要性
1	敲定时间、地点、主题、目的、参加人员	拟订谈判计划，协调双方参与谈判的意愿
2	组成谈判团队及其分工	分工协作，各展所长
3	谈判初步方案的拟订	将谈判的所有安排具体化、细节化
4	谈判日程表及阶段性目标	按部就班，稳步推进
5	可能的问题及突发性事件的处理	准备好应急预案，以备不时之需

◎ 谈判中的心态

谈判中的心态问题往往对谈判产生实质性的影响。我们在许多谈判中，见到一些央企、政府官员、银行负责人由于其企业规模及所在位置的关系，一副高高在上的样子，谈判尚未开始，就先看低自己的谈判对手。殊不知，既然是谈判就要通过谈判争取合作共赢，往往双方都有求于对方，双方都会因合作成功而受益。所以，要想取得好的谈判效果，争取对方的合作以推进谈判的顺利进行，首先，就应当放低身段，这样容易让对方放松心情，畅所欲言，从而以利于充分了解对方的真实想法，以期在后面的问题上达成一致的意见或者妥协的方案，切忌一开始就给人一种拒人于千里之外的陌生感和距离感，这样使对方产生抵触情绪，从而给谈判造成难度，所以最好的办法是先软后硬，坚持原则但又充分体现灵活性。其次，战术上还是要重视对手。历史上无论是战争还是谈判，由于轻视对手而折戟的案例不胜枚举。

对谈判人员的要求

◎ 谈判人员的素质

重大、复杂甚至一些日常的谈判，都会有少则两三人，多则五六人组成的谈判小组参与，整个谈判小组是一个整体，每个队员应当步调一致，分工协作，但又要发挥其独特的作用，因此，每个谈判人员的素质对于整个谈判的推进、效果及成败都很重要。

一个高超的谈判专家，应该心智机敏，而具有无限的耐性，既能巧言善辩，又不哗众取宠；既能取信于人，赢得对手的尊敬，又不轻视他人；既谦恭节制，又坚毅果敢，勇往直前；既能施展魅力，又不为他人所惑；既有其独特的思想，又能与整个团队保持一致，协调配合。

一个成功的谈判人员应当具有良好的气质、性格，具体体现在以下方面：

（1）要有敏锐的洞察力。能在谈判中通过种种细微的蛛丝马迹发现谈判对手的动向、瑕疵和弱点。美国谈判大师尼尔伦伯格在他的《谈判艺术》一书中说道："老练的谈判家能把坐在谈判桌对面的人一眼望穿，断定他将做什么行动和为什么行动。"

（2）语言与文字的把握能力强。谈判是各方意愿、要求、条件等要素的表达、交流及磋商的过程，谈判人员必须具有广博的知识、良好的逻辑思维能力和表达能力、雄辩的口才并具有幽默感。

（3）有决断能力。作为谈判者必须具有善于独立地处理问题的能力，在关键的时刻必须当机立断，快刀斩乱麻。

（4）有坚定不移的毅力，百折不挠的精神及不达目的决不罢休的自信心和决心。没有坚韧不拔的毅力难以持之以恒地坚持。

（5）有充沛的精力。精力充沛一方面指一个人的身体素质，另一方面也指一个人的精神状况。谈判是一项艰苦的工作，耗时费神，重大复杂的谈判往往还要通宵达旦，没有过硬的身体素质和充沛的精力支撑难以为继。

作为谈判者，还应该具备以下特征。

首先，谈判者应该有正确的自我观念，对自己从仪表形象到情感态度，从性格气质到经验能力，以及与对手的关系，自我控制力等方面都要有客观的认识。谈判中的自我观念来源于对周围环境与人物的自我体验与感知，包括谈判对手对自己的评价和期待，从中可以想象出他人和对手对自己的评价和在他们心中所占的位置如何。这种想象对谈判者的自信心很有影响，可以增强自信心和自尊心，也可以使人产生自我怀疑心理和自卑感。故此，提高自我意识的自控水准是谈判过程中保持良好心态、从容心理和高度自信心的重要保障。

其次，谈判者要有适合于谈判的气质。多数人属于混合型气质，谈判者应多吸收以下的优点，心理学对人的气质划分的四种：胆汁质者一般在谈判时易冲动急躁，虑事不周，不冷静，但具有极高的谈判热情，思维敏捷，果断直率；黏液质者一般优柔寡断，固执淡漠，却有严密的思维逻辑性，能较好把握谈判的火候，具有敏锐的洞察力，但不适合作为决策者；多血质者在谈判时较轻浮，注意力涣散，缺乏责任心，优点是随和亲切，善于拉近对手与自己的感情距离，能妥善处理谈判中出现的尖锐问题、困难及突变；抑郁质者在谈判时拘束，思维较慢，不善沟通，容忍和环境适应力较差，但办事细心，冷静沉着，责任心强，善于保密且很少失误。

再次，谈判者的性格要求也不容忽视，谈判者应具有成熟稳重的性格、高度的责任心、事业心、严格的原则性、纪律性。性格外向的谈判者感情奔放外露，不拘小节，果断明快；而内向的谈判者处事周密谨慎，能适应环境、不善交往。因此，不同类型的谈判人员的协调搭配，担纲不同的角色，才更适应复杂的谈判工作。但同时对社会的环境条件的适应性和具有独当一面的独立性，也是谈判者应有的性格。

最后，还要特别注意谈判者是否具备谈判中应有的基本能力。谈判从某种程度上讲是双方智慧的较量，而智慧来源于渊博的专业知识和丰富的经验，对谈判项目的相关知识的掌握、经验和熟悉程度而胸有成竹是谈判者的取得成功的必备条件。

◎ 谈判人员的仪表

仪表是一个人外在直观的呈现，可以反映在很多方面，如谈吐大方不做作，服装整洁不华丽，手势适当不过分，行动果断不拘泥，礼节周到不夸张等。在商务谈判中，仪表可集中表现在服饰、谈吐和举止三个方面。

1. 服饰

谈判属于正式且重要的商务活动，因此，一般参与谈判着装会比较严肃，男士以深色的西装配以浅色的衬衣为主，显得稳重大方又不失礼仪。女士可以着职业套装，下身可以是深色裤子或套裙，整体给人以端庄的感觉，另外，上装也可适度配以胸针之类的配饰，起到一定的装饰作用。

2. 谈吐

谈吐要大方、得体，语词表达要适当，这个适当是指符合谈判的场合、主体、对象和环境等，语言、仪态既不能有傲慢之举，又不可表现为急于求成或有媚人之态，以免暴露自己的弱点，受制于人。语言的表达要有分寸，这种分寸表现在谈话的时间、距离、手势、音调、用词等方面。

（1）距离要求：如果双方是围桌而坐，则桌子本身的宽度就给了双方合适的距离；如果是站立时的交涉与谈判，则保持合适的距离很重要。太远如超出一米开外，则显得有陌生感；太近不足 0.5 米甚至 0.3 米时，则会给对方以压迫感，让人产生不适的感觉。

（2）手势要求：应注意手势的幅度，应不超过与对方相距的“中界线”、横不过自己的肩。

（3）语速及音调要求：作为正式的谈判，语速不宜过快，应当低沉而缓慢，一方面，有利于自己在表达过程中不断地梳理自己的思维，组织语言；另一方面，语速过快会让对方听得不完全，容易忽略一些重要的内容，达不到沟通应有的效果。而且，重要的谈判现场会有记录人员，会后形成会议纪要，所以，语速适中也方便记录人员完整地记录，不至于有疏漏。音调一般应当达到对方可以清晰地听到的程度。

（4）用词要求：任何一场生动活泼或有声有色的谈判，无不是由外交语言、商业法律语言、文学语言等融会而成，中华文化博大精深，不同的词语虽然可以表达同样的意思，但语气、情绪、态度等可能全然不同，对方可能从中读出你的诚恳和善意，也可能读出你的不经、傲慢和轻蔑，所产生的效果也不一样，当然，对谈判的影响也会不同。

3. 举止

谈判人员的举止系指其在谈判过程中，立、坐、行和所持态度的表现，无论是在谈判过程中还是谈判休息的间歇，举止都应该表现得大方得体。

◎ 谈判人员的组成

谈判小组的人员结构以及组成，总体来说应当是由谈判的任务和目的决定的，另外，还要考虑谈判的实际需要、效果及成本等因素，同时，坚持专业化、分工协作、统一性等原则。

谈判人员的组成一般应当包括以下几种人员：

1. 谈判小组的领导人或首席代表即主谈人

主谈的主要任务是领导谈判班子的工作，其具体职责是：监督谈判程序、掌握谈判方向和进程、听取专业人员的说明和建议、协调谈判班子的意见、决定谈判过程中的重要事项、向单位领导汇报和沟通、代表单位签约等。

2. 专业人员或业务人员、项目经理、技术人员

行业的专家和专门的技术人员，负责专业的技术问题、业务问题等，对此提出意见和建议，纠正我方或对方不正确的观点和认识。

3. 专家辅助人员

一般是律师、会计师、投资经理、商业咨询顾问等，他们参与谈判的目的是就专业的问题发表意见和建议。比如律师对合同条款进行法律风险的把控，会计师负责财务问题等。

4. 后勤保障人员，如速记员或打字员

通过以上组建过程，由主谈人、专业人员和工作人员共同组成了谈判小组。

了解你的谈判对手

谈判前需要做的功课之一就是了解你的谈判对手，其成员组成？来

自哪个国家？每个人情况如何？谈判风格、特点等，所谓“知己知彼，百战不殆”。

世界各国民族人民有着不同的性格特点，而每个人的个性又千差万别，但每个民族都会有一些共性的特点，如众所周知的德意志民族的严谨、刻板、勤奋、守时；法国人的浪漫、傲慢；美国人独立、进取、务实、利益至上、重视成功；日本人严谨、严肃、苛刻、追求完美、计划性强、方法性高、执行力强和极爱面子；意大利人好客、随意随性、浪漫且散漫，时间观念差。具体地说：

美国人是我们在国际商务谈判中的常见对手，他们性格开朗、自信果断，办事干脆利落，重实际，重功利，事事处处以成败来评判每个人，所以他们在谈判中表现为干脆直爽，直截了当，重视效率，追求实利。同美国人谈判，就要避免转弯抹角的表达方式，而应直截了当地表达我方的观点，是与非界限分明；如有疑问，就要毫不客气问清楚，以免使谈判陷入僵局。

日本人深受中国传统文化的影响，儒家思想道德意识已深深地沉淀于日本人内心深处；但同时，日本是个岛国，国土面积狭窄，资源缺乏，人口密集，具有强烈的民族危机感，另一方面，日本经济的成功又使得日本人具有强烈的优越感。另外，日本人进取心强，工作认真，事事考虑长远的影响。在谈判中，他们讲究礼节，彬彬有礼地讨价还价，注重建立和谐的人际关系，重视商品的质量。所以，在同日本人打交道时，在客人抵达时到机场接机，在谈判后与客人共进晚餐、交朋友，都是非常必要的，这可以在一定程度上成为避免冲突的铺垫。

韩国以“贸易立国”，韩国商人在长期的贸易实战中积累了丰富的经验，常在不利于己的贸易谈判中占上风，被西方国家称为“谈判的强手”。韩国人性格强悍，与韩国人打交道，一定要选派经验丰富的谈判高手，做好充分地准备，并能灵活应变，才能保证谈判的成功。

华侨商人。华侨分布在世界许多国家，他们乡土观念强，勤奋耐劳，重视信义，珍惜友情。由于经历和所处环境的不同，他们的谈判习惯与当地人有别。他们作风果断，雷厉风行，善于讨价还价，而且多数都是由老板亲自出面谈判，即使在谈判之初由代理人或雇员出面，也要由老板拍板才能最后定夺，所以，了解老板的个人情况，以真情打动他就至关重要。

对于未打过交道的谈判对手，则可以通过对方的熟人、同事朋友、合作伙伴、竞争对手、网络等对其进行了解；如果已和对方打过交道，那么，在重要的谈判前一定要做人物性格分析，了解得越多，击破对方的可能性越大。根据对对方的事先了解，掌握与对方建立良好关系的方法与途径，进而发展谈判双方的个人友谊，争取在到达谈判桌以前就有了一定的亲切感和信任感，为谈判创造良好的气氛。

☞ 示例 3：了解对方的诉求

2018 年，笔者在处理一起跨国贸易纠纷时，由于笔者的委托人南京某贸易集团 A 公司是从常州 B 公司拿的割草机用于出口的，涉及出口产品质量、交货期等问题必须获得常州这家企业在证据方面的支持，但由于双方之间存在货款纠纷（数额对不上且拖欠已久），因此，常州 B 公司负责人对于我方想过来面谈争取支持的要求总是不置可否，甚至找借口挂电话。为此，笔者就建议我方选定一个日期不通知对方马上出发去常州工厂。A 公司负责人担心我们直接过去对方避而不见白跑一趟，笔者就分析：

（1）双方之间虽然存在货款未决的纠纷，但彼此尚未撕破脸皮；

（2）出口产品质量问题最终会有生产企业来解决和承担，事宜如果出现问题，他们也要承担责任。

等我们冒着大风雪赶到常州工厂时，正巧两位负责人（各占 50% 股份的股东）都出差去了浙江黄岩，电话里立即表示当天晚上赶回来，次日早晨 9 时可以在工厂碰头。

次日谈判时，对方一开始强硬地表示，必须先解决双方之间的货款问题，这样他们才同意全力以赴地支持我方跟外商的仲裁。笔者当即表示一则双方之间的货款系双方之间的内部纠纷，迟早要解决，不过是时间问题，但外商的巨额索赔关乎双方大的利益，必须优先考虑一致对外，“先攘外再安内”。然后，笔者详细解释了目前外商对我方发起的仲裁案其中的利害关系，以及对于双方利益的影响。但我方的诉求始终未得到对方明确而肯定的答复，最后笔者表示，关于这件事我们特地跑来常州，但我们只会来一次，如果今天达不成解决方案，那下次只能请两位负责人自己来南京跟我们商量了。随后，我们一行就告辞回了南京。途中，笔者向 A 公司的负责人做了如下分析：

（1）因货款的金额双方存在争议无法解决，所以，不适合一起谈，会把问题复杂化；

（2）笔者已经非常明确地告诉他们双方是利益一致的，一旦他们不配合我们，或者直接倒向外商以导致我们在产品质量、交货期方面输掉了案子，他们的责任比我们更大，因为毕竟产品是他们生产的；

（3）我们先礼后兵，主动上门要求协商面对，已经尽到了礼仪，是他们没有抓住解决问题的时机，所以，下面再谈只能他们主动来南京。

果然，一周以后，A 公司的部门经理告诉我，B 公司的负责人主动联系他们要来南京面谈如何解决问题及配合 A 公司进行仲裁了。

谈判中，了解谈判对手内心的真实想法，对于谈判来说非常重要。但如何才能了解对手的想法呢？我们可以通过现场对手的一系列表现来揣摩、分析和推断，如对手的态度传递出的信息等，如对手对我们表现得很轻蔑，态度很冷淡，则意味着合作对方不是很重视；如果对方负责拍板的领导没有到场，则意味着谈判不可能形成最终的结论并签约；如果对于某个问题对方迟迟不表态，则说明可能对方层级太低、没有得到上面的授权，或者对方的期望值更高，想争取更大的利益；如果对方对于某个问题纠缠不休，则意味着这对他很重要；如果当双方谈起某个问题时，对方刻意回避或者一带而过，则说明他们可能有什么难言之隐，往往就是问题的突破口。有时你眼见的未必为实，耳听的未必为虚，所谓“正则反之，反则正之”，可能会起到意想不到的效果。

谈判的阶段

一般而言，我们可以根据谈判的总体要求、目的及任务，将谈判的阶段大致分为三个阶段，当然，也会根据具体的谈判内容及议题，再将每个阶段分解成若干个回合。

◎ 按谈判的时间顺序分

第一阶段　开局阶段

开局阶段，也就是我们通常所说的谈判的初级阶段或称起始阶段。由于谈判双方刚开始接触，对彼此的个性、谈判风格、语言习惯等各方面了解还不够充分；同时，对于谈判的具体内容等还需要进一步的细化、分解，都希望通过初步的接触对谈判的整体内容、要求及背景的相互通报形成一个完整的印象，对谈判的对手也有所了解，带有一定的试探性质和摸底性质，为以后的谈判打下一个良好的合作基础，所以本阶段的主要任务和内容一般如下：

(1)开场白:一般由主场地提供一方的领导来做,主要意思是欢迎合作方前来参加谈判,希望通过谈判增进了解、发展友谊并达成双方合作共赢的良好局面,为今后双方的顺利合作打下基础,为两家单位带来实实在在的利益。

(2)双方依次介绍一下各自公司的概况、业务及产品结构、行业背景、对项目的了解及目的、对项目的合作前景的开发等,然后是各自谈判组成员的基本情况、职位、主谈内容及对谈判时间安排的建议等。

通过开局阶段的接触,达到对双方公司、项目及谈判组成员的一个基本了解,为谈判开始创造良好的氛围和前提,进行初步的暖场和先期的铺垫,在此阶段,双方应尽可能地了解对方的情况、对方老板对谈判及项目合作的总体要求及目的等,知己知彼方能百战不殆。在相互的接触过程中,应体现出己方良好的谈判风范,争取给对方留下较好的初步印象,同时,不应过早或过多地暴露我方谈判的真实意图和想法,这些应该留待以后随着谈判的进展和逐步深入渐次展开,根据谈判的需要稳步地展示我方的真实想法,紧紧围绕谈判的目的和整体战略步骤进行。

本阶段的谈判,主要是在确定项目全局上达成一些共识,发现彼此在一些具体问题上存在的差异,并在此基础上就双方已经认同的观点形成结论,为今后的谈判指明方向,规定路线,从而保证今后谈判的顺利进行。所以,开局阶段的谈判起着统领全局的作用,虽然许多重要的问题还不适合在此阶段达成协议,但谈得好却可以为今后的谈判创造有利的条件,所谓良好的开端是成功的一半,应为此做好充分的准备并引起足够的重视。

开局阶段是指谈判双方见面后到进入具体实质性谈判之前的那段时间,主要包括建立谈判气氛、交换意见和陈述方案三个内容。

1. 建立洽谈气氛阶段

谈判内容、形式、地点的不同，其谈判气氛也各不相同，通常商贸谈判的气氛有如下几种情况：

(1)热烈的、积极的、友好的。双方抱着互谅互让，通过共同努力而签订一个皆大欢喜的协议，使双方的需要都能得到满足的态度来参加谈判，使谈判变得轻松愉快。

(2)冷淡的、对立的、紧张的。双方抱着寸土不让、寸利必夺、尽可能签订一个使自己的利益最大化的协议的态度来参加谈判。

(3)平静的、严肃的、严谨的。谈判的双方都比较理性，本着严谨、务实的态度对待谈判，谈判过程中认真仔细，没有过多激烈的言语交锋，以理服人。

(4)松散的、缓慢的、持久的。双方都不是急着达成协议，有足够的时间进行一场马拉松式的谈判，直到事情本身的紧迫感催促双方要尽快解决，或者一方开始催促。

(5)介于上述四种之间的气氛。更多的谈判气氛介于上述四种之间：热烈当中包含着紧张，对立当中存在着友好，严肃当中有着积极。一般来讲，通过谈判气氛，我们可以初步感受到对方谈判人员谈判的气质、个性、对本次谈判的态度以及采取的谈判方针。

谈判气氛是在谈判一开始，由双方谈判人员的相互介绍、寒暄形成的。随着谈判的进展会发生变化，会对谈判的全过程乃至谈判的结果产生作用和影响。因此，在开局阶段，谈判人员的任务之一就是要为谈判建立一个合适的气氛，为以后各阶段的谈判打下良好的基础。

2. 交换意见阶段

谈判人员在谈判最初的几分钟，通过愉快的、非业务性的话题，建立了谋求一致的谈判气氛，接着双方将就本次谈判交换意见，意味着谈判的正式开始。双方能否很好地交换意见，不仅直接影响到能否继续巩固发展已经建立起来的谈判气氛，还决定着后续谈判能否顺利进行。因此，探讨交换意见阶段是需要认真对待的重要阶段。

3. 开场陈述方案阶段

开场陈述有两个目的：一是陈述各方立场，二是探测对方意图。因此，开场陈述应把握以下几点：陈述的内容、陈述的方式以及对方对我方建议的反应。

开场陈述的内容是指谈判人员要巧妙地应用策略，明白无误地阐述己方的立场和观点。这时，必须把彼此的观点向对方阐明。一般来说开场陈述有以下内容：

（1）己方对问题的理解，即认为这次会谈应涉及的问题；

（2）己方的利益，即希望通过洽谈所取得的利益；

（3）己方的核心利益，即阐明哪些方面对己方来说是至关重要的核心利益；

（4）己方可向对方作出让步的事情，己方可以采取何种方式为双方获得共同利益作出贡献、适当让步；

（5）己方的立场，包括双方以前合作的结果，己方在对方所享有的信誉，今后双方合作可能出现的机会和障碍。

第二阶段　中期阶段

本阶段起着一个承上启下的作用，大量的谈判主要安排在这个阶段，而且根据谈判的整体安排和议题的需要，会分成不同的回合。通过中期阶段的谈判，既要对初期谈判的谈判成果进行总结和固定，又要对下阶段的任务、议题等作出适当的安排，循序渐进，有步骤有条理。

通过第一阶段的谈判，双方有过几个回合的磨合与较量后都加深了对对方的了解，特别是清楚了对方的关注点、诉求及谈判风格，至此谈判的情势也会变得逐渐明朗化，问题的焦点也会逐渐集中，双方可以针对一些项目合作中的实质性的问题开展深入的讨论以期达成共识，不再会过多地拘泥于一些谈判的细节问题，所以，宏观的把握显得非常重要，不能只见树木不见森林，重点应放在关键问题的突破上，紧紧围绕谈判的大局和整体目标展开。

一般而言，中期谈判是整个谈判过程中最艰难也是耗时最长的，大量的议题和谈判任务都集中在这个阶段，所以，常常会根据实际情况分成若干个回合，进行各个击破式的谈判。有些议题涉及的利益不大，双方比较容易达成共识或让步；而有些问题一旦涉及各方的核心利益，或者双方对此分歧较大，或者利益冲突比较明显，则双方会在此问题上互不相让，反复纠缠，但总而言之，此阶段双方应该在讨价还价中就大部分的问题达成一致的意见，才能保证最终谈判的成功。

中期阶段还包含着实质性阶段。谈判的实质性阶段是指谈判双方依据所提的交易条件进行广泛磋商的阶段。这个阶段是谈判双方开始真正地根据对方在谈判中的所作所为来不断调整各自策略的过程，也是一个信息逐渐公开，筹码不断变化，障碍不断清除，努力走向成交彼岸的过程。

这个过程的实质是通过对交易条件的讨价还价，从分歧、对立、差距到协调一致，包括对谈判双方分歧的分析、施加压力和抵御压力、提出要求与让步、形成僵局和打破僵局等等复杂内容，从而决定谈判的速决、拖延或是破裂。因此，这一阶段把握如何，对能否达到预期的目标，取得谈判的成功，起着决定性的作用。

第三阶段　总结及冲刺阶段

这个阶段也是最后的攻关阶段，到了这个阶段，往往双方对大部分的议题已经达成或者将要达成一致的协议了，或者已经形成了基本一致的看法，离达成全面的协议也就一步之遥了。

由于整个谈判的时效性，到此阶段必然存在时间上的紧迫性，双方应该在心理上都处于一种比较着急的状态，来自公司领导和对手的压力骤增，随着时间的推移谈判者的心态也会发生某些微妙的变化。一方面，往前已经走了九十九步，只差一步就要成功了；另一方面，可能还遗留了一些虽小但却是僵局性的问题未能突破，由于前期迟迟未能达成一致，而时间又显得如此的紧迫，此时，更需要双方有足够的勇气和智慧去攻克这最后的堡垒，所谓压力与机遇并存。

另外，每个阶段以及每个回合中间的间隔时间不宜拖得过久，谈判也像打仗一样，一而再，再而衰，三而竭，如果谈判拖久了，一则影响谈判人员的激情和情绪，也会影响谈判人员谈判思路的连续性，下次谈判又得通过重温以前的话题来将双方引入谈判的轨道；二则会错失解决一些具体问题的谈判良机，加大己方获得成功和争取利益的机会成本。每次谈判或每个议题的谈判往往会有一个最佳的时机，一旦错过就很难达到最佳的效果。随着双方谈判的不断深入，有些议题的解决方案本来已经日渐明朗化，双方也慢慢找到了彼此的妥协之道，达成一致可能也就近在咫尺了，但一旦错过机会，就会增加很多新的不确定性，需要双方重新对此作出评估，有些可能就此改变双方在未来谈判中的地位，此消彼长，导致谈判形势发生重大的扭转，从而付出更大的代价；有些甚至严重影响到全局协议的达成，甚至造成整个项目谈判的搁浅或破裂。因为随着时间的推移，外部的行业环境、法律和政策环境及市场的发展变化都是不可逆转的，需要双方审时度势地把握时机，在合适的时间完成合适的任务，才能达到事半功倍的效果，推动整个谈判进程不断往前走。

当谈判到了快成交的阶段时，为了使其能圆满结束，选择结束谈判的方式是至关重要的。谈判的结束方式包括每一场谈判的结束方式和整个谈判的结束方式。无论内容是否完成，均可宣布暂停会谈，只是一旦决定结束洽谈，主谈人一定要讲明原因，为继续开谈留有后路。

整个洽谈的结束有两种可能，一种是洽谈破裂，另一种是达成协议而成交。当谈判可能破裂时，主谈在把握整个洽谈结束时，要充分注意洽谈的气氛和可能的转机。当对方主谈宣布其最后立场和观点后，我方主谈人应设身处地为对方分析其立场的利弊，应言辞友好、态度诚恳，使对方感到我方的诚意。尽管对方态度坚决，但如果对方十分谨慎的话会进一步考虑的。一般情况下，应该回避促其退却的生硬语句，比如："行，我们就此结束"，"随便你，我们是不会改变立场的"，"你不谈，就走吧" 等，这类言辞听起来均带有情绪化的成分，让人接受不了，只能加速关系破裂的进程。相反，应积极分析对方已亮出的观点和立场，以类似这样的语言进行沟通："这是我方的看法，贵方可以三思"，"如果贵方还有谈的可能，我们将愿意与贵方继续谈判下去"，"我方的大门始终是敞开的，贵方什么时候有新的想法，可随时与我方联系"，"贵方目前的态度我方是可以理解的，但请贵方与领导汇报一下，若有什么新的建议，我们将十分乐意听到"，等等。也可给对方一个台阶下。实践经验证明，给对方台阶的做法相较于那些以强硬语句相要挟的做法来说，往往复谈的可能性很大，甚至会出现柳暗花明又一村的意外惊喜。相反，如果处理不当，会使假性破裂变成真性破裂。一旦进入真性破裂，关系就会更加紧张，再想弥补就回天乏力了。

当谈判成交时，双方应及时握手以结束谈判。但在握手时，主谈人应对所有达成一致的问题加以厘清，以防止遗漏，为最后的签约作好准备。这时可以讲："很高兴双方达成协议，使艰苦的洽谈得以结束。让我们双方梳理一下已达成的协议，以便形成会谈备忘录。若有遗漏请予补充"，"我们很高兴与贵方达成协议，我们将向上级汇报我们的洽谈结果，如若有其他问题再作商议，请贵方谅解。”这样讲既能留有余地，又不失礼节。

最后，应将所有谈判的结果形成文字，制作备忘录、会谈纪要、技术附件和合同文本，并约定好签约的时间和方式等具体操作性问题，为谈判结束或阶段性结束画上圆满的句号。

除上述之外，我们也可以大致将谈判分为以下三个阶段：

第一阶段　倾听

由于存在信息不对称的问题，一般参与谈判在对方发言时，我们建议首先以倾听为主，而且在现实生活中律师根据当事人的要求或委托参加谈判，往往对于问题项目等掌握的信息不如双方当事人充分，甚至常常在匆匆了解了背景甚至没有告知背景的情况下参与谈判，各种情况都有可能发生，此时，作为谈判的辅助人员以及法律专业人员，一般不应当一开始就夸夸其谈地发表意见，因为律师的专业意见会直接影响当事人的判断，特别是重要的谈判，至少一开始的半小时甚至一个小时内都应当耐心地倾听各方谈判人员的意见，认真分析各方提供的信息、看法、意见等，审阅相关的材料，经过深思熟虑之后发表律师的看法比较妥当，一方面，给当事人以稳重、谨慎的感觉；另一方面，也是确保律师发表的意见是基于前期所掌握的准确的信息所形成的专业判断，从而确实对当事人的判断起到积极的影响和决定性的作用，防止误导当事人。

第二阶段　辩驳

经过前期的互通信息、看法以后，我们就要针对对方当事人的一些我们不认可的看法，甚至是我们认为错误的看法进行辩驳。

为了使辩驳有力且有效，切忌仅是简单地否定，而应在否定之后提出我方的证据及逻辑推理过程，晓之以理，并提出相应的法律依据，只有做到有根有据的辩驳才会让对方心悦诚服地接受。辩驳就是一个一方面否定对方，另一方面说理的过程，不是不讲道理的胡搅蛮缠，切忌将谈判演变成吵架甚至对骂，情绪化的冲动于事无补，只会激化双方对立的情绪。

第三阶段　立论

否定对方的观点、想法，并不必然就导致确立了我方观点、想法的正确性、合理性，因此，我方还要有一个立论的阶段，这个阶段的任务就是要提出我方的观点、合作方案、解决问题的方案等，并对此进行论证，有理有据地说服对方，以争取问题的解决或合作共赢的机会。如图 2 所示。

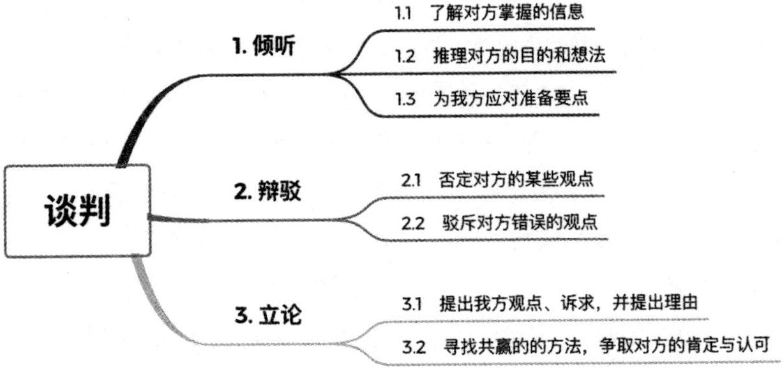

图 2　谈判的三个阶段

谈判中最佳时机的把握

谈判中最佳时机的把握非常重要，中国人做大事自古讲究天时、地利、人和，而其中排在首位的就是天时。所谓天时，就是“天赐良机”，讲的要注重把握事情处理的最佳时间窗口，这样的最佳时机往往是转瞬即逝的，把握好了，就能一蹴而就，谈判起来就会很顺利；而错过这样的最佳时机，则会感觉诸事不顺，磕磕绊绊，甚至历经艰难也难以达成谈判的目的。

谈判中的最佳时机，往往是多种因素综合作用的结果，所以，在谈判过程中一是要保持信息沟通、掌握充分，内部沟通，外部沟通，所谓耳听八方；二是要仔细分析所有事件与谈判本身之间是否存在某种联系，能否为我所用，从而创设最佳时机。敏锐地感知并抓住项目谈判中达成协议的最佳时机，在合适的时候做合适的事，以争取效益最大化和效率最佳化。

很多企业并不重视合同条款的规定，因此，作为律师参与谈判时，如果感觉到对方确实不是太重视，而且，参加合同谈判的人员也不是很专业，则可以充分利用这个机会在合同条款上为委托人争取更多有利的条件。

很多项目的进行为了节省时间，或者提高效率，往往是谈判和项目的先期工作同时进行，谈判的议题和进展将直接影响到项目的进行和双方的利益分配，并且会呈现出解决某个问题的最佳时机，作为企业的谈判代表，应该敏锐地抓住谈判中稍纵即逝的良好时机，争取在合适的时机及时解决问题。而一旦时机延误，错过了洽谈某件事情对于对方的紧迫性，则就使谈判显得困难重重，甚至无法就此达成我方期待的结果，从而影响我方在项目中的重大利益。

示例 4：错过窗口期难成事

笔者在 2011 年就曾经作为 A 公司的代表参加过一个关于液化天然气发电厂的项目谈判。当时，A 公司向国家发改委申请在南京搞一个天然气发电项目，经过多方周折终于拿到了批文，但基于多方面因素的考虑，A 公司欲引进一家大型国企参与项目的合资。经过接触，一家大型国有电力 B 公司急切地希望参与到该项目中来，得知 A 公司有意转让项目的一部分股权，而且是项目的大部分股份，即控股权，就通过行业内的人士找到我们要求合作。我方前期为项目支出了一些费用，考虑到项目批文的稀缺性以及发电项目乃自然垄断产业，一个项目批准了则在一定地域范围内很难再批同样的项目，所以，我方看到B公司急于加入该项目，就顺势提出如果想入股的话应向我方支付1800万元的“前期费用”和“项目转让费”作为条件。当时，B公司为了达到加入项目合作的目的满口应承，但由于当时谈得不错加上忙于批文的延期，所以在合作框架协议上草草地做了笼统的规定，留待今后再仔细探讨具体的解决方案：

(1)该费用被定性为“前期费用”和“项目转让费”；

(2)括弧中对方加上“根据对方公司审计结果最终确定”。

由于合作框架协议对此的约定不够明确、具体，对于前期费用的范围和定义没有准确界定，从而导致了双方对此不同的理解，也导致了后期A公司主张和维权的困难，何时支付且按什么金额支付一拖再拖。在该国企入股并成为项目公司大股东以后，在后面的谈判中，当我方多次提出要求落实具体的支付时间及支付方式时，对方却提出种种理由和借口就是不予支付，并且提出了很多附加的条件，如要求必须有明确的支出明细，必须能通过审计，要求正式的发票，等等。而这些内容原本双方洽谈时都没有提及，这样就给我方出了难题，当时只是随便提了个名目而已，若认真起来，满足此要求的话最多只能提供不超过200万元的前期发票，而且是否符合审计的要求还不得而知。如果能在股权转让前、对方急于入股项目公司时充分利用这个窗口期，由专业的律师帮助起草、拟定该条款，充分考虑其实际的可操作性和法律上的可诉性，比如全部确定为“项目转让费”等，就不至于因为一个条款表述的问题白白损失了1600多万元的预期收入了。

在协议表述如此不清的情况下，项目的批文却被对方几次三番地催着去国家发改委更改了项目主体，从双方变成了三方，而且对方将在今后的项目合作中作为控股方出现。在随后的谈判中对方对于该笔费用的谈判就变得越来越强势，不但不愿意进一步明确支付主体、支付时间和支付方式，反而不断要求搁置该问题，而将项目不断向前推进，留待今后的董事会讨论决定；而董事会由对方作为大股东所控制，使我方对该笔重大利益的争取变得越来越困难。时隔两年多过去了，直到笔者离开 A 公司，问题始终没有得到妥善解决，对方也正是抓住了我方前期谈判时考虑不周的疏忽，将约定规定得模棱两可并留有瑕疵，从而将该笔费用的支付无限期拖延，直至不了了之。从对方角度看，这无疑是一次成功的谈判。

综上所述，该示例就是一个典型的没有抓住时机达成对我方有利的一致协议的深刻教训，引人深思。

谈判要达到预定的效果，什么时间出手？什么时间谈什么内容？核心问题在什么时间谈判最合适、效果最好？是一项需要谈判者高度关注的事情。决定谈判者何时开始谈判？在谈判过程中每个谈判人员何时开口发言阐述自己的观点？关键的问题在何时提出？这些都需要根据谈判的总体安排、进程、各方关系的考量及现场的变化进行特别的安排。

☞示例 5：时机合适方能开口言

笔者在 2014 年因身体小恙动了个小手术，在医院住院前后达半个月之久。当时同病房一共有四个病友，有一位住在笔者右床的病友，年龄看起来比笔者年长几岁，言语间得知其是一个央企的中层干部，而照顾他的女人显然比他小了很多，交谈中得知是二婚娶的太太，目前在马鞍山开个小店，年龄小了十七岁，但好像文化程度不是很高。在照顾期间，男病友经常因为一点小事动不动就呵斥他年轻的太太，太太显得有些窘迫，常常手足无措的。其间，男病友的女儿和女婿也来探望过他，但两人对于他年轻的太太显得不理不睬的，冷若冰霜，连招呼都没打，只顾跟男病友嘘寒问暖，态度中透着冷漠和轻视，连一点感激之情都没有。年轻的太太常常表现出迷茫和抑郁的状态。

同居一室，多次看到男病友无端地呵斥年轻太太，太太只是很委屈地做着无谓的申辩，笔者作为室友，把这一切看在眼里也无可奈何。其他病友也看不下去了，希望笔者能劝劝那位男病友，但被笔者拒绝了。为什么呢？因为从谈判学角度来看，笔者没有得到名正言顺的授权或邀请，轻易介入不会被接受，况且这是人家的家事，一旦干预，轻者被人委婉拒绝，白白操心，重者会被人说“少管闲事”，根本不会产生任何效果。如果男病友没有做好接受别人建议的准备，调整好相应的心态，则不具备接受别人意见和建议的条件，即使你讲的都是真理，也将付诸东流。

由于在一起交流多了大家也知道笔者是个律师，有一天男病友趁其太太不在身边，轻叹了一口气主动问笔者像他们这样的情况应该怎么办？如何处理两人之间的关系以及年轻太太和女儿女婿之间的关系？这时笔者一看机会的窗口已经打开，男病友已经具备了接受他人意见和建议的状态了，表示出需要建议的诚意了，如果此时笔者有理有据地提出自己的看法，则会对他产生一定的影响。于是，笔者首先分析了他们之间的关系定位。其次，又假定了两种情况：一是听之任之，则长此以往日子过得磕磕绊绊的，谁也不会舒服，最终感情越来越淡，直至婚姻解体；二是男病友作为联系这个家庭的桥梁和纽带首先做出适当调整，因为，他承担了双重角色，既是丈夫又是父亲，关键是他的态度。如果他表现出对年轻太太足够尊重，身体力行，并这样要求女儿女婿，使年轻太太得到应有的尊重，这样她在这个家里才有归属感、安全感，才有利于他们之间感情的融洽。如果男病友自己都不尊重甚至动辄呵斥她，则作为没有血缘关系的女儿女婿更不会把她当长辈来尊重，她在这里就没有温暖，也没有归属感，长此以往还会越来越厌倦这段婚姻。

从以上的这个案例可以看出，谈判中时机的把握对于谈判的效果很重要，何时该出手？说什么话？都源于对谈判时机的准确把握。特别像这种非正式谈判不适时宜地规劝将会被视为多此一举，碰一鼻子灰。

在正式的商务谈判中，更要把握合适的谈判时机，在适当的时候说适当的话，才能成功地推进谈判，达到阶段性应有的效果，同时也需要大量的谈判实践经验和心理揣摩。

谈判的语言表达与技巧

谈判是一门语言的艺术，是交流、沟通与博弈的艺术与技术，总体说来，正式谈判的语言表达应当注意以下几个方面：

首先，正式谈判时语速应适中，并且控制好语速的节奏，这样表达更清楚，效果更好，以对方的距离能听清楚内容为限。

其次，谈判发言时应遵循一定的顺序，一般由主方（或称场地提供方）先发言，在其发言过程中应注意倾听，及时记录要点；待其充分表达结束并征得其同意后开始才发言，思维连贯，逻辑严谨，层次分明，既对于对方刚才的发言作出回应，同时，又充分表达自己的观点、意见，切忌在对方发言过程中打断对方、抢话或表现得心不在焉等。

双方的发言应交替进行，适当控制发言的时间长度，一般每轮发言以不超过15分钟左右为妥。

发言的内容应简明扼要，说清楚意思，对于重点部分可以适当展开，或者应对方要求进行详细说明。

根据谈判的不同阶段及目的不同，谈判的艺术与技巧可以分为以下几个部分：谈判入题、阐述、提问、答复、说服的技巧。

◎ 入题技巧

1. 迂回入题

有时谈判中应避免单刀直入、过于直露，从而影响谈判的融洽气氛。谈判时可以采用迂回入题的方法，如先从双方感兴趣的当前的热点话题开始，从题外话入题，或者从介绍自身近期的情况入题，如介绍本企业的生产、经营、财务状况入题等。

从题外话入题，通常还可将有关季节或天气情况作为话题，将目前流行的事物作话题，以及有关社会新闻、旅行、艺术、社会名人等作为话题。通过上述题外话入题，可以营造轻松、良好的开局气氛，但为了达到较好的效果，选题要做到新颖、巧妙、不落俗套。

从介绍己方谈判人员入题，通常可以介绍己方人员的职务、学历、经历、年龄等，既打开了话题，又让对方对于我方谈判人员形成一个初步的印象，消除了双方隔阂感，同时又充分显示了己方的强大阵容，通过谈判成员的阵势形成对对方的气势压制。

从"自谦"入题，如果对方是在我方所在地谈判，可谦逊地表示各方面照顾不周，可称赞对方的到来使我处蓬筚生辉，或者谦称自己才疏学浅、缺乏经验，希望通过谈判建立友谊，等等。当然，自谦要适度，否则，将会被对方认为你是虚伪而缺乏诚意。

从介绍己方企业的生产、经营、财务状况等入题可显示诚意，提供给对方一些必要的资料，充分显示己方对双方的合作充满信心，同时也帮助对方树立跟我方合作的信心。

2. 先谈细节，后谈原则性问题

如果双方经过事先的沟通与摸底，知晓双方在一些原则性问题上存在差距，或分歧较大，不妨从一些比较接近或容易的细节、非原则问题入手，以利创造较好的开局气氛。

3. 先谈一般原则，后谈细节问题

如果双方是奔着合作共赢的目标去的，那么，在大方向、大目标上是高度一致的，则在开局之处可以大谈宏观层面双方领导的互相认同、目标的一致性，从而为细节问题谈判设定必须成功且必然成功的框架，防止双方在细节问题上过多地纠缠而影响到谈判或项目合作的进度。

◎ 阐述技巧

1. 开场阐述

（1）开场阐述的要点。

一是开宗明义，明确本次会谈所要解决问题，以集中双注意力，统一双方的认识。

二是表明我方通过洽谈应当得到的利益，尤其是对我方至关重要的利益。

三是表明我方立场。

四是开场阐述就是原则的，而不是具体的，应尽可能简明扼要。

五是开场阐述的目的是让对方明白我方的意图，以创造协调的洽谈气氛。

（2）对对方开场阐述的反应。

2. 让对方先谈

3. 坦诚相见

4. 正确使用语言

语言准确易懂，简明扼要，具有条理性，语言富有弹性；发言紧扣主题，措辞得体、不走极端；注意语调、语速、声音、停顿和重复；注意折中迂回，避免一泻千里；使用解围用语，不以否定性的语言结束谈判。

◎ 提问技巧

1. 提问的类型

（1）封闭式提问。例如："您是否认为售后服务没有改进的可能？"

（2）开放式提问。例如："请问您对我公司的印象如何？""您对当前市场销售状况有什么看法？"

（3）婉转式提问。例如："如果方便的话，欢迎您提出对于我公司产品改进的宝贵意见？"

（4）澄清式提问。例如："您刚才说对目前正在进行的这个项目可以作取舍，这是否说明您拥有全权与我进行谈判？"

（5）探索式提问。例如："我们想增加购货量，您能否在价格上更优惠些？"

（6）借助式提问。例如："我们请教了某某顾问，对该产品的价格有了较多了解，请您考虑，是否把价格再降低一些？"

（7）强迫选择式提问。例如："付返利是符合国际贸易惯例的，我们从一般供应商那里一般可得到 3% ~5% 的返利，请贵方予以注意。""与我们这样的企业合作，如果不给 3% 的折扣，我方很难以成交。""谈到现在，我看给我方的折扣可以定为 4%，您一定会同意的，是吗？"

（8）协商式提问。例如："您看给我方的折扣定为 3% 是否妥当？"

（9）反问。表达强烈的不满或不认同，是一种情绪的表达。

2. 提问的时机

在对方发言完毕之后、在对方发言停顿、在自己发言前后等。

3. 提问的其他注意事项

同时还应注意提问的速度、对手的心境、给予足够的答复时间、保持问题的连续性。

◎ 答复技巧

对于对方的提问，不管是为了谈判的需要，还是出于礼貌，己方都必须作出回应，及时予以答复，答复的技巧不同效果也不同，一些答复的特点和方式可供参考：

1. 针对性

2. 及时性

3. 否定式

4. 反问式

5. 解释型

6. 模棱两可型（或称“不置可否型”）

一般来说，答复对方的提问应当明确、直接，这样可以清楚表明我方的态度，达到沟通的效果；但有时为了达到某种特别的目的，答复并不一定是直截了当的，可以是间接的答复、隐含的答复，甚至是模棱两可的答复，或者反问。

比如：公司遇到索要货款的难题，领导明知道对方已全面履约有权索要货款，但公司面临一些问题无法足额付款或暂时无法付款，己方违约且没有道理，但又不得不面对守约方上门讨债，只好让无权处分的办公室主任出面协调、挡驾，说一些无关痛痒的话等。

◎ 说服技巧

1. 说服技巧的几个环节

（1）建立良好的人际关系；

（2）树立专业权威；

（3）分析相关意见可能导致的影响。

① 向对方诚恳说明要他接受意见的充分理由，以及对方一旦被说服将产生什么利弊得失。

② 坦率承认如果对方接受意见，双方都将获得一定利益。

2. 运用说服技巧的基本原则

（1）不要只说自己的理由，要充分地换位思考；

（2）研究、分析、揣摩对方的心理、需求以及特点；

（3）以实际行动消除对方的戒心、成见；

（4）不要操之过急，急于求成，持之以恒，终成正果；

（5）态度诚恳，平等相待，积极寻求双方的共同点并不断扩大；

（6）不要指责对方，不要把自己的意志和观点强加于对方；

（7）说服用语要朴实亲切，富有感召力，不要过多地讲大道理，适当举例；

（8）承认对方“情有可原”，通过认可激发对方的自尊心。

3. 说服的具体技巧

（1）谈判开始时，必然会面临一大堆需要解决的问题，问题的重要性、复杂及疑难程度、时间紧迫感等都不一致，有先有后，一般来说应遵循先易后难的解决顺序，把一些双方分歧较大的疑难问题放到最后来解决，有可能前面的问题解决得顺利，后面的难题最后也迎刃而解。

（2）多向对方提出要求，多向对方传递信息，影响对方的意见，进而影响谈判的结果。

（3）强调与对方立场、观点、期望的一致、淡化与对方立场、观点、期望的对立和差异，尽量求同存异，从而提高对方的认同与接纳程度。

（4）先谈好消息、好情况，再谈坏消息、坏情况。但要注意避免只报喜不报忧。要把问题的好坏两面都和盘托出，这比只提供其中的一面更具有信服力。

（5）强调合同中有利于对方的条件。

（6）兼听则明。待讨论赞成和反对意见后，再提出己方的意见。

（7）说服对方时，要注意精心设计开头和结尾，以便给对方留下深刻印象。

（8）结论要由己方明确地提出，不要让对方去揣摩或自行下结论，否则可能背离说服的目标。

（9）多次重复某些信息、观点、可增进对方对这些信息和观点的了解和接纳。

（10）充分了解对方，以对方习惯的能够接受的方式、逻辑，去展开说服工作。

（11）不要奢望对方一下子接受己方提出的突如其来的要求，要先做出适当的铺垫，这样对方可能会比较容易接受。

（12）强调互相合作、互惠互利的可能性、现实性，激发对方在自身利益认同的基础上来接纳己方的意见和建议。

谈判中的底线思维

谈判中的底线思维，简单地说就是在谈判中如果最后的结果是最坏的方案，这样的代价我们是否能够承受，也就是我们通常所说的“坏到不能再坏的代价”，如果这都可以承受，那我们就应该有充分的信心，大胆地去放手一搏。

谈判中坚持底线思维，可以让谈判人在谈判中充分地放开手脚，该坚持的地方顽强坚持，该放弃的也不要瞻前顾后，这样，就不会为了一点蝇头小利而变得束手束脚，或者因为患得患失而变得畏首畏尾，而使谈判有大局观和宏观考虑，更有充分的回旋余地，反而有利于谈判人员在现场的充分发挥。

谈判的辩论方法

谈判中有时需要温文尔雅、彬彬有礼，有时也会剑拔弩张，吵得面红耳赤，不管双方的态度和情绪如何变化，都是服务于谈判的根本目的，就是要达成交易或解决问题。有时采取协商式的方法交换意见，以求达成共识；有时观点或立场不同，或者是看问题的角度不同，双方也会发生激烈的争辩，即采取辩论式的方式以图说服对方。因此，谈判中的辩论往往是不可避免的，不可能总是温情脉脉，即使是双方合作共赢式的谈判，也会有利益或考虑问题出发点、方式方法不一致而导致双方的辩论，但辩论不一定是坏事，辩论是为了将事情说清楚，充分表达己方的观点，争取获得对方的认同；即使对方不认可，也需要让对方清楚地知道己方的想法及为什么这么想，争取更多的理解。

谈判的辩论方法有很多，现采撷一二，以期开启读者的思考。

1. 先声夺势法

在谈判或法庭辩论一开始，一方就对另一方可能提出的问题避而不谈，而对己方极有利的问题，先在论辩发言中全面论证，以达到先入为主，争取主动权的谈判或庭辩战术。实践中，应用此法须在谈判或庭审前做好充分准备，且在谈判或庭审调查阶段对己方有利的事实、证据逐一认定。然后根据事实和证据，针对对方不正确的观点主动出击进行反驳，以期掌握辩论主动权，夺取制高点，促使对方陷入被动。

采取此种谈判或庭辩战术的好处是扬长避短，在己方占有明显优势证据的地方反复强化，让法官印象深刻，让对方在对我方有利的地方折戟，不但可以打击对方的自信心，而且可以打乱对方阵脚，主导谈判或庭审的方向朝着对己方有利的方向发展。

2. 避实就虚法

谈判或庭审辩论中，对方的弱点往往是对方刻意回避的地方，甚至对方会采用偷梁换柱、答非所问等的方式，企图达到转移对方视线、扰乱视听的目的。因此，运用此法首先应善于抓住对方之“虚”，选择其薄弱环节连连进攻，一攻到底，直到把问题辩论清楚或让对方陷入自相矛盾的境地。

3. 设问否定法

又称舌战偷渡法，使用该法，关键是在设问时要把辩论的目的深藏不露，绝不能让对方察觉设问的真正意图。尤其是第一问，一定要让对方在尚未了解发问意图的情况下予以回答，只要回答了第一个问题，下个问题就由不得他不回答了，等到对方自觉难以自圆其说时，后悔也来不及了。这种使对方处处被动、自相矛盾的战术，不失为一种极有效的辩论手段，其结果只能是让对方在不自觉中接受我方的观点，出其不意而辩胜。

4. 间接否定法

这是指在辩论中不直接把矛头指向对方，而是若无其事地将辩论对手的错误观点搁在一旁“置之不理”，郑重地从正面提出自己的独特见解，并充分论证。运用此法应注意两点：(1)己方所持观点应与对方所持观点势不两立。(2)己方观点应立论有据，绝不能牵强附会，哗众取宠。

5. 示假隐真法

此法系指先举与本案无关的事实证据，运用掩盖真相或本意的语言技巧，形成对方的错觉，然后出其不意，突然出击，拿出己方真实有利的证据或观点，致对方于被动、措手不及的辩术。现今“当庭举证，当庭质证”的庭审方式，无疑为这一辩术提供了广为运用的空间。

6. 以退为进法

这是形式逻辑的归谬法在法庭辩论中的使用。己方先将对方提出的论题（或观点）假设为真，然后从这个假设为真的命题推导出一个或一系列荒谬的结论，从而得出原论题为假的辩论方法。此法是一种辩论性、反驳性很强的法庭辩论方法，因而推导得出的必然性结论，容易被接受，从而获得较好的辩论效果。

7. 反问法

反问是一种较强的语气，用以表达强烈的情绪，针对对方故意颠倒黑白、混淆是非的说法，有时可以采取反问法，指出其自相矛盾的地方。

谈判节奏与技巧的把握

在进入谈判时，由于事先做好了充分的准备工作，此时应该保持一个良好的心态和稳定的情绪，按照事先的计划和步骤一步步地去实现，一切按照早已确定的战略步骤进行。

1. 要把握好全局

努力控制谈判方向，特别是在控制谈判的话题、节奏和走向方面，学会掌握谈判中的主动权，避免被动。遇到对方纠缠于一些对己不利的地方，应及时引导话题朝着有利于己方的方向发展。

谈判中，我们往往会遇到对方抓住我们的一些弱项大做文章，增加自己的谈判筹码，从而提出更多的对其有利的条件，要求我们做出让步，对此，首先，我们要深入分析其提出的所谓优势的真正利弊，如果确实对项目的合作有显著的作用或优势，则要体现出我方的灵活性，避实击虚地淡化其影响和作用，并强调项目合作对双方的重要性；或者及时转移话题；或者充分表达我方对项目所作出的重大贡献，及时抵消对方的优势，达到双方在谈判桌上的均衡。

2. 谈判中的心态

谈判中的心态问题往往对谈判的走向、进展及结果起着重要的作用。我们在许多谈判中，见到一些谈判方目中无人，谈判尚未开始，首先看低自己的谈判对手。殊不知，既然是谈判就是要争取合作共赢，要想取得好的谈判效果，争取对方的合作以推进谈判的顺利进行，首先就应当摆正心态，从而有利于充分了解对方的真实想法，以在后面的问题上达成一致的意见或者妥协的方案，切忌一开始就给人一种拒人于千里之外的陌生感和距离感，这样使对方产生抵触情绪，从而给谈判造成难度，所以最好的办法使先软后硬，坚持原则但又充分体现灵活性。

3. 谈判中的态度

情绪稳定，不卑不亢，表现出原则性和灵活性的巧妙结合，并在适当的时候展现人情关爱，有利于拉近跟对手的距离。

成熟的谈判人员，会在谈判中表现出其老道和临场经验丰富的一面，显得有理有据，不卑不亢；而经验不足的谈判成员往往会因为对方的一句话、一个结论或者过分的要求就表现出不该有的情绪波动，这是万万要不得的。谈判，特别是一些重要的谈判，往往是一个艰苦的过程，不是一蹴而就的，需要我们有足够的耐心和毅力，不到最后不摊牌。但在一些具体的问题上，我们应该表现出足够的灵活性。

4. 谈判的策略

先易后难。从一些容易的地方入手，尽快达成协议，从而形成和谐共赢的良好开端。

谈判中对于议题及时间顺序的选择和安排，是一个很讲求艺术的问题。安排得巧妙，可以在不动声色中顺利地引导对方朝着自己设计的方向走，顺利地达到自己谈判的目的；但如果安排得不妥的话，就会常常让谈判陷入僵局，不利于谈判的顺利进行，所以，谈判的议题安排应遵循一定原则，一般的考虑就是先易后难，稳步推进，就像打仗，先把容易的据点拿下，然后不断地扩大战果，步步为营。

5. 谈判中发言的顺序

首先发言的应该是项目经理，然后是专业技术人员的分析与判断，律师则从法律角度提供法律风险的分析和建议。而决策者在谈判前和谈判桌上尽量少对结论性的观点与要求进行表态，否则容易使谈判陷入僵局，导致故步自封。

项目经理作为整个项目的总负责人，应当对项目的全局和整体有个总括的把握，对项目谈判的方向起到一个整体的引导作用。通过项目经理的发言，可以充分表达己方对谈判的一个基本态度和想法，一方面，让对方明确基本看法和思路；另一方面，也给随后的谈判人员确定一个明确的方向，引导其他谈判成员围绕其思路来推进。

技术人员则是从项目的技术可行性方面进行论证，不但要充分阐述项目在技术上存在哪些成熟的有把握的方面，更要对项目可能遇到的复杂的技术问题做一个初步的介绍和判断，让双方对项目的技术要求和难度有一个充分的思想准备，同时也体现己方在技术上的经验和优势，建立己方在此方面今后的话语权和主导作用。

律师作为谈判中法律风险的发现者和管理者，则应更多地从项目建设及今后运营中可能存在的法律风险方面尽可能作出专业的判断和提醒，有些事关整个项目的法律风险应该开诚布公地让谈判双方都有所了解，但并不是所有风险都需要在谈判中阐明的，有些则要根据法律风险的指向性确定是否让双方知道或仅是内部讨论。

对于项目的投资商来说，由于所有的风险，包括建设风险、运营风险、财务风险及法律风险最后都由其来承担，则在谈判中不得轻易地表态，以免使自己陷入被动。

6. 谈判中的节奏把控

谈判中尽量让对方先开口，通过对方的介绍，全面了解其掌握的基本情况、态度及其关注点，让对方充分表明所有要求，可以做到心中有数，并隐藏自己的观点，拿对方提出的重要问题做交涉，争取他的让步。当然，也可以在较小的问题上做些表面上的让步，以使对方获得一些心理上的满足感和平衡，但不能轻易让对方获得，不要让步得太快，或者过早暴露了己方的谈判底线，每次让步都要从对方那里获得更多的益处。有时也不妨做些对你没有任何损失的让步，譬如"这件事我会考虑一下"，这也是一种让步，让对方从心理上有所缓解，或给对方留下余念。

通过对方的先发言，可以全面地了解对方的思路和对项目的整体看法，包括对双方的定位，并且了解有一些对己方有利的内容，以便在后来的谈判中为我所用。同时，可以通过提问题的方式，深入挖掘对方谈判中己方关注的一些焦点问题，进一步调整己方的谈判策略和方法，也可以判断对方在整个谈判中的地位和作用，从而准确地把握每个议题需要说服的对象，有针对性地展开说服工作。

7. 对于原则性的问题不让步

在谈判桌上，双方各自代表本公司的利益，对于一些重要的甚至是原则性的问题，如果感觉确有必要说"不"时，就应该勇敢地提出来；只要说的有道理，而且有充足的理由，就会使对方相信说“不”是认真的，从而避免在这些问题对方过多地纠缠。特别是对于事关项目中己方重大利益的问题，涉及己方谈判的底线，应该明确表明己方的态度，并且使其在这些问题上知难而退，通过表明己方原则立场来提高谈判的效率。

在谈判中，必须始终保持全局有利的总体观念，因为每一个让步都是利益的组成部分。如果对有些让步实在想反悔，也可以提出，因为那样也会给对方造成一种到底线的印象，一切谈判在没有签字之前，都可以重新再来的。但切记，这样的反悔必须严格掌握，轻易不要这样做，否则会给对方造成你不诚信的印象，不利于谈判的进行和最终达成协议。

8. 在谈判中寻找各自让步的理由

在谈判过程中，让对方保住面子，并引导对方积极地从“交涉成功”的角度去思考问题，为对方的让步作出合理的诠释，增强对方的成就感，争取对己方有利的结果，也是成功的策略之一。

从辩证的角度看，谈判的相对方是一对矛盾的对立统一体。从全局看，双方在合作中将会取得整体利益的最大化，但在某个具体问题上则各自存在个体的利益，而且在个体利益和局部利益上又存在矛盾和对立，所以从内部来讲，一方的获益往往是对方让步的结果，但为了达成双方都能接受的方案，在很多方面需要双方既要互相合作又得各自让步，为了能顺利获得对方领导的首肯，获益一方往往需要从对方的角度为其让步寻找合适理由。这样，一方面让对方的谈判代表有个台阶下；另一方面，也能保证对方的让步获得认可，这样才能最终在让步的问题上达成协议，固定谈判的成果。

9. 争取了解对方的底牌

谈判中谁都想了解对方的底牌，这样就能在保证成功率的基础上为己方争取利益的最大化，所以，底牌一直是谈判中一个敏感的话题，也是参加谈判双方的一致关注的高度机密。

比如，在建筑合同谈判中，关于对方的质量及技术要求、标底价格、评标标准等方面都是非常重要的，直接关乎项目的价值及参与方的利益。

谁在谈判中掌握了对方的这些底牌，谁就将在谈判中赢得主动。谈判的任何一方都想事先知道对方的价格、时间以及谈判人员的权限，如何去发现它们，一般可以在事先或谈判中采用一些探测的技巧。

（1）火力侦察法

所谓火力侦察法就是主动地抛出一些带有挑衅性的话题，来刺激对方表态，然后根据对方的反应判断虚实。

对于一些敏感的话题，不妨在谈判中装作不经意地提起，看看对方的反应，或者选择对方谈判组中经验稍逊的成员直接发问，特别是对一些情绪容易激动的谈判对手，火力侦察法往往会起到意想不到的效果，哪怕是通过一些抛砖引玉的办法，也能部分达到了解对方底牌的效果。

（2）聚焦深入法

聚焦深入法则是指先就某一方面的问题做一个扫描式的提问，先大面积地去问，得到回复以后，对于我们最关心的，也是对方隐情所在，再进行深入的询问，不断地提问题，最终把问题的症结找到，即先扫描，然后再找到隐藏的问题。

通过一段时间的接触与交锋后，可以在总结、归纳的基础上全面地向对方陈述己方的意见和疑问，在征询对方意见的基础上单刀直入地提出己方关心的问题，特别对于对方有意回避的问题，更应打破砂锅问到底，随着问题的不断深入，最终发现问题的症结，进而大致清楚对方的底牌，为后续的谈判甚至是关键的谈判打下良好的基础。

10. 谈判的语言技巧

谈判中语言的艺术和技巧能充分显示出谈判者的水平、经验和能力来，如何准确地表述己方的意见？言轻言重都关乎谈判的效果，这就需要谈判者在长期的谈判中不断地总结，不断地感悟，才能不断提高。一般而言，在谈判中对语言的掌握要遵循以下原则：

（1）语言要有针对性

在语言上，有一些技巧也要掌握。开始时可以有一些寒暄的话语，为谈判营造良好的气氛，如友好的开场白，朋友之间的嘘寒问暖，但一旦开始正式谈判，则在谈判中所说的每一句话一定要针对性强，此时不宜过多地寒暄，而且谈判中切忌绕圈子，说了半天云里雾里的，让人不知所云，直接影响到谈判的效果和效率。

谈判的目的是要争取双赢，为了争取谈判的主动地位，要在谈判中建立优势，控制全局，所以，语言必须要有很强的针对性。对问题的表述要简洁明了，但要理由充分，特别当需要说服对方或争取对方的同意时，必须要有说服力的依据，这就要求谈判前做好充分的准备，考虑到谈判中可能出现的各种情况，而不是临时抱佛脚，显得仓促而忙乱。在一些关键的问题上更要一语中的，一针见血，谈判高手的一席话往往就能让对方肃然起敬，在赢得对方好感的同时也容易得到对方的认可，充分做到有理有利有节，这就要求谈判人员平时在谈判中注意学习谈判高手的长处，具备掌控语言的高超技巧，才能达到临场发挥的良好效果。

（2）表达委婉

谈判中虽然也常见刀光剑影，但谈判不是你死我活的较量，而是为了合作共赢，所以，在表达的时候要用婉转的方式。谈判高手并不是通过语言上咄咄逼人来强调自己的观点和想法就能获得成功的，这样容易反而会引起对方的反感，造成剑拔弩张的对抗式的气氛而影响谈判效果，大多数的时候应该学会委婉地表达自己的观点，在互动中多争取对方的共鸣，共鸣点越多，谈判进展得就会越顺利，并可以在不知不觉中引导谈判向着己方想要的方向去发展。

(3)灵活应变

在谈话过程中要灵活应变，不要一条路走到头，要灵活使用我们的语言，包括无声的语言、肢体语言。无声的语言可以是一个动作，一次适时的沉默，有时往往也会在谈判的关键时候起到出人意料的效果，所以有时我们也要学会在谈判中适时地停下来，用无声、沉默的方式来影响我们的谈判对手。一味地固执己见，强词夺理不利于谈判的顺利推进。

但灵活应变并不意味着我们那拿原则性的问题作交换，更多地体现在谈判的方式方法上。

11. 其他的谈判技巧

(1)声东击西

(2)金蝉脱壳

☞示例 6：谈判的实质是利益平衡

2012 年笔者在无锡参加一个天然气发电项目谈判时，对方的主谈代表是一位政府官员，一开始就以环保是每一个企业应尽的义务的大帽子将我们要求政府替我们的发电厂项目承担营运期内所有的排污交易费的要求盖得死死的，实际上说到底还是一个费用的问题，对国家承担的环保义务是可以通过排污交易费的形式来完成的，这样最终就转化为谁承担费用的问题；而在其他地方，政府为了这样的大项目招商引资目标的实现都会在此方面做出一些让步，承诺由政府来承担该费用，关键还是一个成本和利益的平衡问题。最后我们主动提出来在排污交易费和地方税收留成的返还两个条件上让政府取其一，在权衡再三并考虑总量优惠以后，政府还是选择了承担发电项目全部营运期间的排污交易费，说明这本身就是对方的一个技巧问题，而不是什么真正的不可逾越的鸿沟。

(3)缓兵之计

谈判进行了一段时间后,可以休息五至十分钟。在休息期间,让双方走出会谈大厅,一起抽根烟,或者喝杯咖啡,回顾一下谈判的进展情况,重新清理一下自己的思路,考虑下一阶段的谈判安排,让双方的思绪沉淀一下。特别是在谈判己方明显处于下风,或者被对方将军时,就像比赛场上叫个暂停一样,有利于己方重整旗鼓,准备充分了再来。

在休息期间,首先,应该对前面的谈判梳理一下,哪些方面存在问题?原因在哪里?有没有补救的办法?应该怎样开展下一阶段的谈判?同时,对下一阶段的谈判提出一些新的构想,新的思路,特别是如何引入己方关心的问题,并准备通过什么方式达到己方下一阶段谈判的目的。最好能带着新的建议重新步入谈判大厅。

谈判过程中的中场休息是一种有很大潜在影响力的策略,运用得当,可以帮助双方达到共同获利合作共赢的目的。

(4)草船借箭

所谓草船借箭,即运用智谋,借用别人的人力和财力来达到自己的目的。

在谈判中,可以考虑运用这一策略,比如:可以采取“假定……将会……”的策略,如果能因此而得到对方对此的答复,就可以顺藤摸瓜,用来探究对方的底线,或者了解对方在某个问题上的交换条件,可以在此基础上争取对己方更有利的条件,目的是通过不拘泥于固定模式的谈判来另辟蹊径。

(5)走为上策

当谈判人员特别是谈判小组领导人对于谈判桌上的进展实在不满意时,或者严重陷入僵局一时无法解脱时,常常使用“脱离现场”的办法,目的也是想达到在一定程度上让对方陷入被动的效果,适当改变双方目前的境地，争取主动。

走为上策的办法和策略，只能在关键的时候迫不得已才能使用，而不是可以反复使用的；否则，要么对方慢慢就不把这种举动当回事了，要么会认为你谈判中没有诚意，动不动就撂挑子，甩袖子，所以，好的策略也应该用在适当的时候，才会达到应有的效果，否则也会适得其反的。

12. 充分利用信息不对称争取有利的谈判条件

一般可以通过事先的调查研究和沟通，如对对方谈判组的成员可以通过其以前的合作伙伴、竞争对手、同行、同事、朋友等，也可以通过在谈判过程中双方的互动了解对方的谈判风格及对项目关注的情况等，特别是掌握一些对方尚未掌握的项目信息为我所用，而一旦发现对方信息的盲点，就应仔细研究其价值所在，并通过谈判不断扩大己方的优势及争取有利的谈判地位。

13. 谈判招数的运用

☞示例 7：关注细节，灵活调节

笔者曾作为国内某知名工业自动化设备商的营销代表，负责大客户的投标及谈判。当时笔者的首要任务是：找到成交可能性最大的潜在客户，从而开展重点公关。

第一招：拨雾见月，去伪存真，发现客户的真实需求

有的企业在进行招标时，往往抛出一些“障眼法”式的项目需求，从而转移部分厂商的注意力。笔者通过多种信息渠道，了解到我们争取的一家大客户对外公布的三大项目中，有两项都是不切实际的，从而及时抓住营销重点，锁定目标。在这个过程中，广泛的信息渠道是关键，正式场合与非正式场合的沟通都非常重要。事实上，一条非常重要的信息来自于我们与该企业老板司机的一次闲聊。这次看似无益的闲聊让我们了解到，哪些需求是该公司已经内定的，哪些需求是该公司根本不需要或者暂时没有能力执行的。

第二招：利用相对优势，打击竞争对手

首次竞标有三家企业入围，除我们公司，还另有两家省内企业。它们兼有本土公司的人脉优势与跨国公司的技术优势，非常难以对付。但我们的优势也非常明显，就是系统的整合优势。当时恰逢另外一家公司的产品出现了一点软件故障，导致客户公司生产线不能正常运行，而等国外的工程师到达现场，至少都要20天以后。这时我们立即出动了北京总部的专家团队，无偿为该客户解决了这个问题。这件事不仅为公司赢得了非常珍贵的信任票，也使那家公司夺标无望。

第三招：寻找关系突破口，动之以情

虽然其中一家夺标公司出局了，但是另外一家同样不好对付，而且听说该代理商老板与客户公司的老总还有远房亲戚的关系。经多方打听我们了解到，客户公司老总的妻子曾经是我们公司一位营销经理的同事，而且她还欠这位经理一个“人情”。在竞争的白热化关头，人情因素成为重中之重，我们立即指定这位经理为该项目投标负责人，并开展一系列的企业公关活动。刚好客户公司老总的小孩生病住院，该项目经理携同妻子专程到医院探望，两位年龄相仿的母亲一见如故，在子女教育方面有聊不完的话，相互之间都成了知己。可见，在这个谈判过程中，情感成为了突破口。

第四招：拒绝小利，坚持立场，保持方向的正确

几个回合之后，所有的竞争对手都已经淘汰出局，我们公司即将成为当仁不让的夺标者。但好事多磨，一家已经出局的公司是客户公司的长期生意伙伴，与客户公司的高层有着千丝万缕的关系，即使出局也在对我们公司产生影响。

有一天，客户公司一位副总通知我们，鉴于我们在几轮竞标中表现出色，要把两百多万元的仪表订单交给我们，而对我们盼望已久的自动化项目，却表示要缓一缓。经公司研究，我们当即表示放弃仪表项目，专注做自己最擅长的自动化项目，同时加紧敦促对方确认订单。当时有些经理表示不解，仪表项目也是一块肥肉，为什么要放弃呢？我们的态度是：首先，仪表不是我们的强项，会分散我们的精力，失败的风险也较大；其次，仪表项目的推动可能会令竞争对手卷土重来，甚至抢走本次投标的重点项目。在这个过程中，不为小利而迷惑，坚持既定的路线方针，是项目成败的关键。

第五招：自查自纠，弥补漏洞，一举夺标

经过我们的坚持，客户方面终于同意将自动化项目交给我们。在审查报价单时，却发现我们将一些非关键的配套材料的价格报得过高，对方发话，要求砍下总价的 30%。我们马上进行调查，发现部分配套材料价格过高是由于前线营销人员感觉项目费用太高，希望抬高部分不起眼的非关键品价格进行弥补。公司立即调低全线配套品价格，并承诺对方可以对配套品进行监审，最终拿下了这笔订单。在最后的冲关阶段，企业一定要关注细节，及时自我调整，发现问题立即解决，最终保证圆满签单。

14. 格式合同文本问题

所谓“格式合同”或“格式条款”，根据《民法典》第 496 条第 1 款之规定，“格式条款是当事人为了重复使用而预先拟定，并在订立合同时未与对方协商的条款”。

在合同的谈判中，我们往往会遇到在行业里举足轻重的客户，他们在业务合作中大量使用格式合同，经过多年经验教训的总结与积累加上专业律师的参与，他们的格式合同往往充分考虑了他们曾经遇到的各种风险及其转嫁和防范的条款，相对而言，就将这些责任和风险通过格式合同的条款几乎全部转移给了交易对手，充分利用他们的强势地位的优势，一副格式条款不容谈判的样子。笔者曾经多次遇到这样的问题，但经过我们对格式合同条款的逐项审查，发现有些条款我们根本无法接受，存在明显的不公平因素；一旦接受，意味着对方几乎将所有风险全部转嫁给了我方，连本应该由他们承担的责任及风险都转嫁了过来，而他们合作方连起码的审查义务都不用承担任何责任。这样就带来了很大的麻烦，一旦他们内部管理存在问题，如员工工作中的疏忽大意造成了巨额损失，按照合同的约定，他们都无须承担任何责任，对于诸如此类的条款，我们坚决要求对方进行相应的修改，对于这些原则性的问题无法让步，最后逼着对手接受了我们很多的合理建议，帮助企业规避了一些重大的风险，从而成功破除了格式条款“不可谈”的魔咒；当然，有一些风险不是很大的条款，我们也大多妥协了，毕竟双方都让一步才能促成最终的合作。

15. 形成会谈纪要

最后也是最重要的，每次谈判必须要有己方专门的人员负责记录、整理成文，谈判结束后形成双方都签字认可的“会谈纪要”“谈判备忘录”，形成阶段性成果，对一些重要的问题更要详细记录，这样可以保证己方的主要观点得到充分的表述，而让对方的主要观点适当模糊，避实就虚，争取在会议记录中巩固、扩大会谈的阶段性战果，以保证己方不断掌握主动权。

会后，要不断总结、归纳并厘清本次项目谈判中的难点、焦点及“瓶颈”，不断调整下一步谈判的策略、方针及谈判的节奏、议题，同时为说服对方准备充足的理由、依据及相关材料，量化分析对方在项目中的利弊得失。如果发现没有按照原定的路子去走的话，还可以尽早地将局面扭转过来，以免南辕北辙。

一个项目的谈判一般要经历多个回合，所以每次会谈结束必须总结本次会谈的成果、得失及经验、教训和不足，给下一次会谈留下任务，并为此有所准备。

这一点非常重要，可以根据谈判的任务、难度在谈判前先大致计划一下需要谈判几个回合，每个阶段的中心议题，解决什么问题，不同阶段谈判的议题如何进行有效的衔接。但无论如何，每次谈判都费时费力，谈判的内容经过多轮的反复较量最终才能达成一些妥协，如果没有及时做好记录，形成双方签字认可的"会谈纪要"以固定谈判成果，则一旦对方事后反悔或者找出新的理由推翻先前的意见，或者形势发生了新的变化，则会导致前功尽弃，也不利于下一轮谈判的开始，势必又要浪费双方的时间从头再来。

如何识别谈判中的假象

由于谈判行为本身所具有的利己性、复杂性、手段性，谈判者又很可能以假象掩护自己、迷惑对手，取得胜利，这就使本来就很复杂的谈判行为变得更加真假相参，难以识别。下文仅从三方面来剖析谈判活动中的真假现象。

◎ 真诚相待，假意逢迎

谈判行为是一个寻求互相合作的过程。坐在谈判桌前进行磋商，双方都应抱有诚意而来，否则谈判行为没必要也不可能实现。根据马斯洛和尼尔伦伯格的需要理论，谈判目标是属于自我实现的需要，它是建立在满足较低层次的其他需要的前提下，才得以实现。因此，作为东道主的热情接待，安置舒适安全的环境，谈判前的叙情寒暄、私下的友好往来，谈判过程中的温、谦、礼、让都应是真诚的。除非你想刺伤对方，故意造成谈判破裂。可是，在谈判活动中谈判人员接纳真诚的承受力是因人而异的。一些老练的谈判对手会利用你在真诚面前的脆弱心理承受，假意逢迎迷惑你。据说日本商人在一些商务谈判中就经常运用此策。他们派专人到机场恭迎你，然后领你到高级宾馆下榻，又非常热情地宴请款待。在你需要洗漱休息时他们又特意为你安排一些娱乐活动。他们的每一句话、每一个行动看上去都是极其真诚的，让你盛情难却，直到你疲惫已极，还没充分恢复时，他们又提出进行谈判，往往使你哑巴吃黄连，有苦说不出。你能抱怨对方什么呢？他们是盛情，可你是既难以推却而又难以承受。在谈判中我们还经常看到一些对手，他们非常地富有“涵养”，对我们极其尊重。他们不仅很少指责，甚至还口口声声：“按您的意思很好”“就您的威望来说我们不敢提出异议”等等，毕恭毕敬。这种情况貌似对方顺从己意，实则是假意逢迎，利用对你的自尊心理的满足，滋长你的虚荣，在不给你任何实惠的口惠掩藏下，实现他的目的。言多必失，一旦失口你还迫于维护面子，只得拱手相送。所以在谈判中我们应提高警惕，不能被表面的虚情假意迷惑而损害自己的利益。

◎ 项庄舞剑，意在沛公

谈判是富有竞争性的合作，虽然不是对弈战争，但也绝不是找朋友，推心置腹。谈判虽然是遵循互利互惠的原则，但双方皆赢的利益结果很难对等。在这种双赢的游戏中，就允许双方施展谋略，寻获更多利益，这是规则。在谈判对策中声东击西、示假隐真也常是谈判者惯用的技巧。我国历史上战国期间“烛之武退秦师”的谈判谋略就是一例。

☞示例 8：假似真来真亦假，真真假假为我用

战国时，郑国弱小，秦晋两大国联军围郑。郑文公派烛之武和秦穆公谈判。烛之武见了秦穆公说："我虽为郑国大夫，却是为秦国利益而来。"秦穆公听后冷笑，不予相信。接着，烛之武剖析："秦晋联合围郑，郑国已知必亡，然郑在晋东，秦在晋西，相距千里，中间隔着晋国，如果郑亡，秦能隔晋管辖郑地吗？郑只会落于晋人之手。秦晋毗邻，国力相当，一旦郑被晋所吞，晋国的力量便超过秦国。晋强则秦弱，为替别国兼并土地而削弱自己，恐非智者所为。如今，晋国增兵略地，称霸诸侯，何尝把秦国放在眼里，一旦郑亡，便会向西犯秦。"秦穆公听后连连点头称是，请烛之武坐下交谈。烛之武继续剖析："如果蒙贵王恩惠，郑得以继续存在，以后若秦在东面有事，郑国将作为'东道主'负责招待过路的秦国使者和军队，并提供行李给养。"秦穆公听后非常高兴，遂和烛之武签订盟约。烛之武之所以能瓦解了秦晋联军，是因为他根据秦、晋两国势均力敌，互有威胁，且互有猜忌的局势。在谈判中，烛之武假言郑已知自己要灭亡了，因而将要灭亡的国家对什么都已无所谓，给秦穆公造成错觉，以为烛之武真是"为秦国的利益而来"，然后逐层剖析、陈述秦晋联军对秦的利益影响，表面上处处为秦国着想，实则为了郑国解燃眉之急。示假隐真的谈判策略重点在假象要逼真，自己的真正目的要隐得深而巧妙，不被觉察，否则会弄巧成拙。

◎ 抛出真钩，巧设陷阱

谈判是一种双方信息的交流、竞争。谁能够更多地掌握对手的谈判信息谁就能在谈判中占据主动，所以无论是政治谈判还是商务谈判，获取、收集、识别对手的信息已经是一项重要的谈判工作。因此，相对应地要求谈判各方也都很重视对自己的有关谈判信息采取严加保密措施。然而我们对信息的保密性的理解不能只停留在表面上，时时、处处、不分有无效用地“死守”情报。相反，应当灵活地“将计就计”地活用情报。适当的“泄密”就是一种巧用情报的谈判策略。具体来说，“泄密”也有抛出真钩——泄露真实情报和巧设陷阱——泄露假情报两种。手段不同，目的一致。在谈判中还有利用对手迫切了解自己情报的心理，“将计就计”掘下一个陷阱，让你往里钻。

☞ 示例 9：骗你没商量

第二次世界大战期间，盟军曾在一次战役中将一份假情报放在一位已战死的上尉公文包里，然后撤离战场，德军在清扫战场时意外惊喜地获得这份重要的“情报”后来，德军果然中了圈套，损失惨重。对于假情报的泄露要不让对手察觉，过于轻易地被对方获得反会令其怀疑，所以有时不妨故设障碍，又及时放行，吊其胃口，诱敌深入。那么，如何识别真假情报呢？应该头脑冷静，多方证实，不能轻下结论。

如何破解谈判中的僵局

◎ 谈判僵局的成因及对策

在项目谈判中，由于双方所处的位置对立，在具体的问题上各方有自己不同的利益诉求，必然使双方在谈判中处于一个对立的地位，往往会形成双方各执己见的局面，由于谈判中经常会采取“立场争辩式的谈判”方式而导致发生冲突的可能性很大以至于形成谈判中的僵局，归根结底还是利益上的冲突。一旦遭遇冲突而形成僵局，不能轻易地表现出情绪，或者知难而退，或者轻易让步，这两者都是不可取的。

仔细分析一下僵局的成因，大多是因为双方的立场不同、诉求不同、利益关切点不同、谈判方式不同、谈判者的性格、出发点及思路不同及利益冲突等原因而产生的，但无论如何，僵局的产生往往会使谈判限于停顿的状态，甚至会形成长期裹足不前的局面，不利于谈判的推进，严重的甚至会导致谈判的彻底破裂，所以，对于谈判僵局的处理应该持认真和严谨的态度，如何突破谈判中的僵局需要技巧更需要智慧。

当谈判陷入僵局时，适度放松，跳出来，换个轻松的话题或者休息片刻，都是好的办法。多发现和寻找双方的共同点，分析、归纳争论的实质，在可能的情况下求同存异，以不断地推进谈判的进程。

当遇到一些关键的问题而又涉及双方比较重大的利益时，谈判双方往往会各不相让，从而使谈判陷入僵局，这也是谈判常见的情况和问题。但谈判总有一定的时限，不可能双方长期僵持于此而久拖不决，这样时间长了必然会影响到整个项目的成败和进展，因小失大，这时候就需要谈判成员具备一定的智慧，如何妥善地处理僵局的问题呢？

一旦在谈判中遇到僵局，首先，还是要对僵局定性，确定僵局对整个谈判大局的影响，对双方在项目合作中根本利益及整体利益的影响程度，分析其产生的原因，能否求同存异，还是必须直面应对、妥善处理。然后，在此基础上确定谈判人员权力的层级，并采取迂回的办法，并可以结合前期谈判的成果及后续谈判的安排进行整体的考虑，或者通过利益交换的办法来突破，采取以退为进的策略也是一种解决的思路。谈判人员对此应该有个清醒的认识，特别是要从总体上进行把握，明白该问题在谈判全局中处于什么样的地位，对于己方在谈判中的核心利益有着怎样的影响，对其进行客观的评估，厘清己方在此问题上的底线。

其次，要分析对方对此问题坚持的根本原因，对其核心利益的重要程度，是否能找到替代的解决办法，或者通过在其他问题上让步来换取对方的让步，从而推动谈判往前走。

此时，要求谈判成员应该保持平静的心态，适时地跳出谈判的紧张气氛，调节一下双方的情绪，或者可以通过举些例子来提示一下对方换个角度去思考问题，为大家下一步的谈判打开门路。通过一些轻松话题，或者看似无关紧要的问题来发现对方突破口，找到解决的思路与办法，当然，更多地还要靠现场谈判人员的智慧与经验。

对于谈判中遇到的冲突和僵局，首先，应确立一些基本的原则，如服从大局，合作共赢；利益平衡，各得其所。其次，要保持稳定的心态，分析产生冲突和僵局的主客观原因，找到问题的症结所在，据此研究出不同的处理方法。

一般来说，可能形成以下几种常见的谈判中的僵局种类：

①立场争辩式的僵局；

②利益博弈式的僵局；

③南辕北辙式的僵局；

④底线较量上的僵局；

⑤应然与实然的僵局。

◎ 突破谈判僵局的方法

僵局往往使谈判双方陷入一筹莫展的尴尬境地，影响谈判效率，挫伤谈判人员的积极性、自尊心。因此，除了为了达成某种特殊目的而刻意为之外，应尽力避免在谈判中出现僵局。而对于已经形成的僵局，一般应采取以下对策来缓和双方的对立情绪，使谈判出现新的转机。

1. 坦诚相对，直面分歧

遇到僵局不要回避，而是表现出大度、豁达，主动向对方提起分歧并就此对分歧的原因和利弊进行客观的分析，用真诚的态度去换取对方的好感和认可，也为缓解由于僵局而造成的紧张气氛创造良好的条件和环境。

2. 回避分歧，转移议题

如果分歧是针锋相对的，无法通过简单的沟通去化解和调和，也不要因为僵局而使谈判前功尽弃或裹足不前，双方一味地争辩也解决不了问题，这时可以搁置争议，回避有分歧的议题，以谈判的大局为重，换一个新的议题与对方谈判，而不是因为僵局而纠缠不清。

3. 选择替代性方案

很多问题的解决都有多种方案可供选择，虽然不是最优方案但也可能是次优方案，甚至两者没有本质的差别，此时就可以通过利益交换的方式来寻找替代的方案。

4. 尊重对方，有效退让

当谈判双方各持己见互不相让而陷入僵局时，谈判人员应该明白，坐到谈判桌上的目的是达成协议实现双方共同利益，促使合作成功的局面总好过固守己方立场导致谈判破裂的局面，如果考虑到双方长期合作的战略利益，有时候退一步海阔天空，甚至可以换取对方今后更大的利益让步和回报。

5. 运用休会策略

谈判出现僵局，双方情绪都比较激动、紧张，会谈一时也难以继续进行。这时，短暂的休会或许是一个较好的缓和办法，东道主可征得客人的同意，宣布休会。双方可借休会的时机冷静下来，喝上一杯咖啡，在明媚阳光中散散步，拓展思路，考虑一下争议的问题，也可以召集各自谈判小组成员，集思广益，商量其他的应对和解决办法。

6. 避重就轻之法

转移视线也不失为一个有效方法。有时谈判所以出现僵局，是僵持在某个问题上。这时，可以回避这个尴尬的问题，转而先磋商其他条款。譬如，双方在价格条款上互不相让，僵持不下，可以把这一问题暂时抛在一边，洽谈交货日期、付款方式、运输、保险等条款。如果在这些问题处理上，双方都比较满意，就可能坚定解决问题的信心。如果一方特别满意，很可能会同意对价格条款做出适当让步。

7. 利用第三方调停

当出现了比较严重的僵持局面时，双方针尖对麦芒，彼此间的感情可能都受到了伤害，情绪已被激化，此时，即使一方提出缓和建议，另一方在感情上也难以接受。在这种情况下，最好寻找一个双方都能够接受的中间人作为调停人或仲裁人。调停人可以是双方共同的伙伴，既可以是业内的专业人士，也可以是律师或法律专家，最好是双方都认可或尊敬的人，对于双方或者至少一方能施加一定影响的人。

☞ 示例 10：更高权威方调停有奇效

反复热播的电视剧《父母爱情》中安杰因为跟小姑子的矛盾而回了娘家，江德福几次三番上门说好话欲接回安杰，但安杰就是不给面子，三顾茅庐也不行，连安杰的哥哥安泰下了逐客令还是没用，无奈之下，江德福只有请出了安杰医院的党委书记。这个党委书记既是安杰的领导，又是介绍人，还是安杰敬畏的人，而且书记的讲话水平也很高，先是调侃了一下安杰连个文盲的口才都不如，后又告诉安杰在自己的家里应该有主人翁的霸气，最后还说到了江德福这么多年瞒着安杰的一件事：因为娶了安杰，错过了升官的机会，但江德福从来不说，也不埋怨任何人，说得安杰彻底感动了，自己乖乖地主动回了家。

从本案可以看出，第三方介入调停不失为一个破解之策，而最好的调停者往往是和谈判双方都没有利害关系的第三者，具有丰富的社会经验、较高的社会地位、渊博的学识和公正的品格。总之，调停人的威望越高，越能获得双方的信任，越能缓和双方的矛盾，达成谅解。

8. 应抛弃旧的传统观念，正确认识谈判中的僵局

许多谈判人员把僵局视为失败的概念，企图竭力避免它，在这种思想指导下，不是采取积极的措施避免，而是消极躲避。在谈判开始之前，就祈祷能顺利地与对方达成协议，完成交易，别出意外。特别是当负有与对方签约的使命时，这种心情就更为迫切。这样一来，为避免出现僵局，就事事处处迁就对方，一旦陷入僵局，就会很快地失去信心和耐心，甚至怀疑起自己的判断力，对预先制定的计划方案也产生了动摇。这种思想阻碍了谈判人员更好地运用谈判策略，而事事处处迁就的结果，就是达成一个对己不利的协议。应该看到，僵局出现对双方都不利，如果能正确认识，恰当处理，会变不利为有利。只要具备勇气和耐心，灵活运用各种策略、技巧，僵局就不是攻克不了的堡垒。

9. 调整谈判人员

当谈判僵持的双方已产生对立情绪，并不可调和时，可考虑更换谈判人员，或者请地位较高的人出面，协商谈判问题。双方谈判人员如果互相产生成见，特别是主要谈判人员，那么，会谈就会很难继续进行下去。即使是改变谈判场所，或采取其他缓和措施，也难以从根本上解决问题。

在有些情况下，如协谈的大部分条款都已商定，却因一两个关键问题尚未解决而无法签订合同。这时，也可由地位较高的负责人出面谈判，表示对僵持问题的关心和重视。同时，这也是向对方施加一定的心理压力，迫使对方放弃原先较高的要求，做出一些妥协，以利协议的达成。

10. 改变谈判环境

即使是做了很大努力，采取了许多措施，谈判僵局还是难以打破，这时，可以考虑改变一下谈判环境。谈判室是正式的工作场所，容易形成一种严肃而又紧张的气氛。当双方就某一问题发生争执，各持已见，互不相

让，甚至话不投机、横眉冷对时，这种环境更容易使人产生一种压抑、沉闷的感觉。在这种情况下，可以建议暂时停止会谈或双方人员去游览、观光，出席宴会，观看文艺节目，也可以到游艺室、俱乐部等处玩乐、休息。这样，在轻松愉快的环境中，大家的心情自然也就放松了。更主要的是，通过游玩、休息、私下接触，双方可以进一步熟悉、了解，清除彼此间的隔阂，也可以不拘形式地就僵持的问题继续交换意见，寓严肃的讨论和谈判于轻松活泼、融洽愉快的气氛之中。这时，彼此间心情愉快，在谈判桌上争论了几个小时无法解决的问题也许就迎刃而解了。

经验表明，双方推心置腹的诚恳交谈对缓和僵局也十分有效。如强调双方成功合作的重要性、双方之间的共同利益、以往合作的愉快经历、友好的交往等，以促进对方态度的转化。在必要时，双方会谈的负责人也可以单独磋商。

谈判中阶段性的思考与梳理

每个正式的谈判基本都不可能一次性取得成功，绝大多数的谈判都需要通过反复多次的磋商、谈判才能达成。

根据我们以往谈判的经验，一般实质性的谈判因涉及很多问题，往往也不可能在一个回合的谈判中解决，因此，每个回合最好能解决一个具体的问题，即使不能解决也要通过谈判、磋商不断达成了解、凝聚共识，从而推动谈判不断前进。而为了谈判的持续进行并取得较好的效果，应在每个回合以后，及时进行阶段性的总结与回顾，沟通谈判组成员的想法，并对下一阶段的谈判工作做出部署。

每次谈判后会间隔一段时间，在这段时间内，一方面，双方可以根据上次谈判的结果分头推进项目的有关进展，做好已经落实的项目前期工作的推进，办理相关的政府审批手续，为项目的后续进行创造有利的条件；另一方面，各方也会对前轮谈判进行一些理性的思考和总结，并要结合最近一段时间外部形势的发展对项目产生的影响进行适当的评估，特别是国家产业政策的最新变化、行业发展的最新趋势、法律法规及政策的最新变化等，对以后的谈判及项目的进展方向作出适当的调整，所以一轮谈判结束后的思考与总结就显得尤为重要。

每轮谈判中都会间隔短则三五天，长则有十天半个月，但考虑到谈判的效果，中间的间隔应根据项目本身的性质和内容及双方时间上的安排作出适当的考虑，不宜拖得过长，但也应该给双方一个必要的考虑和过渡时间，所以，应该是一个合理的时间段，我方应充分利用好这段间隔做些相关的调查工作，并为下一阶段的谈判做好充分的准备和规划。

谈判过程中的间歇时间，是我方用来梳理和总结的最好机会。应对前阶段的谈判进行总结，就下列问题进行回顾：

（1）是否按照既定的方案、计划推进的？是否偏离了谈判的方向？

（2）谈判中是否出现了未曾预料到的新情况、新问题？应对是否恰当？

（3）谈判就哪些问题达成了共识？还有那些问题没有解决？

（4）谈判组成员的分工是否恰当？是否需要调整？

（5）谈判是否就已经解决的问题形成了会谈纪要？双方是否签字认可？

（6）对方代表是否有足够的授权作出相应的表态、决定？是否还需要进一步授权？

（7）综合评估本次谈判对谈判整体的影响？对下一步谈判的影响？

（8）本次谈判哪些对我们有利？哪些不利？

（9）下阶段的谈判目标、策略、任务是否需要调整？

（10）下阶段谈判的时间、地点等是否已作出适当安排？

（11）其他需要讨论、反思、总结的问题等等。

梳理是为了下次谈判能有备而去、有的放矢，明确谈判的方向，提高谈判的效率和效果。

谈判策略与技巧的应用

谈判的策略与技巧有时并不对谈判的结果起到决定性的作用，或者对谈判起到决定性的影响，谈判最终能否成功或者达成谈判的目的，取决于很多因素，但谈判的策略与技巧仍是谈判中不可或缺的技能。

1. 谈判双方的地位、实力、规模及影响力

谈判的大前提是谈判双方的地位、实力以及规模、影响力谈判开始前，首先，应当对此有比较清醒的认识，这样有利于拟定、调整切实可行的谈判目标。两个完全不对等的对手谈判的结果往往是一边倒，从谈判对手相对实力的大小可以分为：

（1）势均力敌的对手；

（2）实力悬殊：对手强，我方弱；

（3）实力悬殊：我方强，对手弱。

如果是势均力敌的对手，意味着谁也无法压倒对方，双方必须在谈判中互谅互让，谁也不敢轻易让谈判破裂，否则，付出的代价太大。

示例 11：争取有利的谈判条件

1950 年开始的抗美援朝战争后期的谈判，就是一场势均力敌的谈判，志愿军虽然装备差、后勤供应无法保障、物资供应常常被切断、火力严重不足等，但凭着顽强的意志和战无不胜的精神，硬是多次击垮号称世

界第一的美军领导下的联合国军，但由于美军强大的空中优势，造成志愿军后勤保障及弹药补充无法满足战争需要，一旦前进过快或战线拉得太长，就会出现问题，所以后期双方形成了一种拉锯战的模式，谁也无法一下子战胜对方，而新中国刚成立，百废待兴，战争拖得过久严重影响到中国的经济建设，而即使世界最强大的美军领导下的联合国军也经不起战争的长期消耗，国内反战情绪又越来越高涨，双方都无意继续打下去，都有停战的强烈愿望。而为了争取更为有利的谈判条件，双方也是边打边谈，边谈边打，历时近一年，由于志愿军的节节胜利，为志愿军后期谈判赢得了很多有利的条件。

而如果双方实力悬殊，则实力强大的一方存在先天的优势，可以提谈判条件，把握谈判方向，在主要议题上坚持己方的原则不让步，在很多方面显示自己的优势地位。而作为弱势一方，也不是无所作为，对于一些条款的把握要进一步细分，比如一些原则性问题，如果涉及己方的根本利益，或者风险与收益严重不对称，则有必要考虑是否继续合作。而且，如果是合作，则双方都是有求于对方的，合作对双方都是有利可图的，所以，必然存在谈判的空间。如果是零和博弈，一方太过强势，往往会导致谈判的破裂或无法进行下去。

2. 谈判合作对象或方案的可替代性

所谓“货比三家”，在寻找合作伙伴时，一般也会考虑是否有退路，或者替代性的选择方案，一旦有多个替代方案，则作为谈判一方就掌握了较多的底牌，在谈判中就可能居于主动的地位，比如招投标，对于招标单位来说，至少有三家以上的选择，就可以充分利用这种有利的形式，在价格、条件以及合同条款等方面争取更多对自己有利的条件，以达到自身利益的最大化。

3. 谈判的天时地利人和

谈判有时遭遇僵局，或者因为双方力量对比太过悬殊，根本无法进行平等的对话，谈判很难有结果，但一些谈判以外的因素也会对谈判起到推动及促进的作用。

4. 谈判的耐心、毅力、智慧、策略与技巧

旷日持久的谈判考验谈判者的耐心与毅力，谈判中的各种策略与技巧的运用，谈判者的智慧等，都会对谈判起到很大的影响，在特定的条件下，甚至是决定性的，特别是在双方势均力敌，而一方在谈判策略与技巧方面存在明显的优势时。

第3讲

有效谈判的 20 条策略

在正式谈判中，谈判双方都有各自重要的诉求，为了取得利于己方的谈判结果，我们要学习和掌握各种谈判的策略技巧，为谈判的成功提供多一种的可能性，让我们以更加开放的心态和思维、更加充分的准备和策略来开启一场谈判。

第3讲 有效谈判的20条策略

营造良好的谈判氛围

在正式谈判中，双方都有各自重要的诉求，重要的商务谈判涉及的项目金额几千万元甚至上亿元，重大的工程合作项目关乎企业未来五至十年的业务发展，国与国之间的谈判、国家与国际组织之间的谈判更是涉及一国的战略利益、根本利益，因此，为了取得良好的谈判效果，应当关注谈判中的每一个细节，比如主办方或东道主一方往往会在谈判场地、环境布置、背景、装饰装修等方面作出精心的安排，营造良好的谈判氛围。

示例1：礼轻暖人心，手帕传真情

作为美国政府贸易代表，与吴仪交手多年的查琳·巴尔舍夫斯基曾谈到过这样一件往事。

有一次激烈的谈判连续进行了24小时，当中美代表会间休息时，吴仪送给巴尔舍夫斯基一条中国手工丝巾，代表着中国的丝绣水平，礼物虽不重但却很精致。“那个礼物令我感动不已，小小的举动又显示出吴仪这个‘女强人’的细腻和温柔。”巴尔舍夫斯基说。

吴仪一个小小的举动，一则通过她精心、细腻的安排说明了她对于谈判的重视；二则体现了对于谈判对手的尊重与关怀。因为同是女性，通过赠送小礼物也一下子拉近了彼此的距离，增进了彼此的亲切感与亲近感，也为后面难缠的贸易谈判创造了良好的氛围，缓解了多日以来剑拔弩张的气氛，顺利推进了谈判的进程。

中国自古以来就是个在饮食文化上有着深厚底蕴的国家，中华民族将饮食文化放在一个至高无上的地位，而“有朋自远方来不亦乐乎”也说的是对于来自远方的朋友一定要盛情款待，美食美酒能创造良好的氛围，酒过三巡菜过五味顿觉心情舒畅，敞开心扉侃侃而谈，美食和美酒能让不熟悉的人变得熟悉，让彼此陌生的距离迅速拉近。

☞ 示例2：趁着酒兴多方探底

笔者于2015年在江苏省泰州市一家企业从事新三板挂牌前的尽职调查工作，前期证券公司已安排会计师对企业的财务问题进行了半年的梳理，基本解决了问题，不构成挂牌的实质性障碍了。因此，证券公司负责人一方面将股改基准日确定提前；另一方面要求律师团队尽快开展尽职调查并形成尽职调查报告，所有的工作将提前。在此情形下，作为法律尽职调查的律师丝毫不敢马虎，一方面，准备了尽职调查清单要求企业配合尽快提供。另一方面，准备从挂牌新三板的十大红线问题入手，看看企业是否符合条件：如果符合，往前推进、基准日提前没什么问题；如果不符合条件且无法整改到位，则根本就不可能挂牌，项目再推进下去都是白忙。

新三板挂牌的十大红线

一、存续期未满两个会计年度，不可突破

二、不具有持续经营能力，无可救药

三、重大违法违规，不可挑战

四、主要股份代持和非法发行，不要心存侥幸

五、特殊行业，不可贸然申报

六、会计基础薄弱，不可急于求成

七、对经营影响重大的纠纷或诉讼，需要高度重视

八、超越资质经营或者行业资质管理不明朗的，审慎处理

九、挂牌企业不得存在出资不实的情形

十、挂牌企业不得存在资金占用的情形

随后，笔者针对这些问题，通过审阅企业的资料、工商登记信息、跟财务人员访谈、向会计师了解情况、“法律文书裁判网”查询等多种方式、多渠道逐一落实，发现企业都符合条件。但为了谨慎起见，还需要跟公司的大股东、实际控制人进行深入交流。当晚，企业宴请我们律师和证券公司的工作人员，几杯酒下肚，双方聊得正欢之时我突然想到还有一些隐私的问题，不妨借机捅破一下，看看企业老板有什么反应？笔者就关于公司近几年是否存在对外担保？公司是否涉及一些诉讼包括民事、刑事的案件，以及作为中药企业是否遭遇过药品监督管理局处罚等事项向公司实际控制人开问，同时，也向他解释了如果涉及这方面的问题一定要实话实说，这样我们可以早些判断是否可以补救、完善，否则，等到所有工作都做完临门一脚之时再来处理这些问题就来不及了，完全可能功亏一篑。在酒精的作用下，老板也是畅所欲言了，提及其作为另一家

企业的法定代表人因虚开增值税发票被判刑的情况，目前仍处于缓刑阶段，此时，我们才了解到他的此种情况属于挂牌禁止的情形，必须更换法定代表人，否则，肯定无法挂牌，于是，第二天我们暂停了所有工作，及时提出了解决方案，否则如果不能解决此问题，我们下面的工作就是无用功。

所以说，在谈判中创造良好的谈判氛围，或者善于充分利用谈判中出现的良好氛围，以达到良好的沟通和谈判效果，是一个聪明的谈判者应有的机敏反应，“君子善借于物”也包括对环境和氛围的利用。

在对方阵营中寻找代理人

所谓在对方阵营中寻找己方代理人是指在一些重要的谈判中或者涉及重大利益的谈判中，需要想方设法在谈判对手的团队中寻找同情者、支持者，关键时刻能为我方说话，为我方利益考虑的代理人，这样才不至于在重大谈判中失算。

商战中刀光剑影、尔虞我诈，有时一方为了一己之利益往往会不择手段，在涉及己方重大利益的时候如果存在信息不对称，有时会带来重大的损失，重者让企业陷入倒闭的困境，常常是企业不能承受之重，因此，作为谈判的一方，为了在谈判中占据有利的地位和形势，在对方阵营中寻找代理人不失为一种非常有效的手段。

示例 3：实事求是认签证

在建设工程施工合同的履行过程中，由于涉及的金额大，周期长，而且往往伴随着大量的设计变更、工程量变更、地质条件不符等情况，以及人工工资、建材及设备的涨跌价，因此，施工现场的签证成为真实记录这些变化的最重要的证据。但建设方为了降低成本，故意在变更的签证上不予配合，如在签证时故意拖延、漏项、少签甚至不签、不规范签证等，从而损害到施工方的利益。

笔者在2009年曾经处理过这样一起施工合同纠纷。这是一个厂房建设工程，在施工过程中，建设方多次修改了原设计方案，增加了新的项目，而且在地基施工中发现地质条件与原先估计的大相径庭，为此，光是填土就增加了上万方，等到工程竣工后，施工方凭着签证和自己真实的现场记录（有时因对方项目经理或监理不在场但建设方又要求赶工而没有签证）向建设方要求结算，经建设方核对后，大部分签证被以不规范、无人授权、没有盖章等中止理由不予认可，加上没有签证的部分，差额近百万元之巨，由于一些工程系隐蔽工程，竣工后就无法再核实工程量，形势对于施工方非常不利。在此情形下，施工方也是欲哭无泪，找到了建设方项目经理和监理方，以及建设方现场的技术人员等请求为他们作证，好在建设方的项目经理和技术人员比较正直，本着实事求是的态度，对于施工方提出的大部分诉求予以了认可，帮助其挽回了大部分损失，可见，本案中在签证不充分、不规范的情况下，获得谈判对手或相对方的同情和支持对于己方的维权是多么重要，甚至起到了决定性的作用。

在商务谈判中，如果能通过在对方阵营培植代理人，在一些关键问题上获得对方的同情与支持，减少针锋相对，可以帮助己方在谈判中争取的更大主动权，减少不必要的损失。培植对方阵营中己方的代理人存在相当的难度，有时也是可遇不可求的，但通过事先的背景调查和了解，谈判中接触及双方的语言交锋中发现对己方观点、意见认可的人，从而帮助我们赢得谈判更多的胜算。

红脸加黑脸唱双簧

谈判中，为了达到最佳的谈判效果，我们会在谈判组成员之间做一个明确的角色分工，譬如技术、商务、投资、财务及法律问题，同时，也会根据谈判的需要，设定不同的谈判角色，需要不同的人来唱红脸和唱黑脸。

要使用“红脸”和“黑脸”的战术，就需要至少两名谈判者，黑脸作为强硬派的代表，在谈判桌上态度坚决，寸步不让，咄咄逼人，毫无商量余地可言；红脸作为温和派的代表，在谈判中态度温和，总拿黑脸当武器压制对方，暗中与黑脸配合，从中撮合，以期最终达成有利于己方的结果。总体来说，两名谈判者是否同时出席，或者前后错位出席，完全根据谈判剧情的需要和实现谈判目的的需要，进行事先的筹划和安排。

第一种情形：谈判如果开局不错，进展顺利，在推进过程中发现双方总体来说都比较配合，围绕谈判所提的要求和条件也基本合理，谈判过程中也充分展现了各方的诚意和理性，这样的话，就不需要刻意地安排对立的红脸黑脸角色来唱对台戏了。

第二种情形：如果谈判中困难重重，一波三折，这时候完全靠诚意并不见得就能打动对方、达到目的。

如果一开始进展顺利，途中遇到了拦路虎，则可以考虑先礼后兵，唱红脸的感觉谈判出现困境、僵局了，刻意换唱黑脸的上，刻意夸大达成谈判方案的难度，抬高我方接受的门槛，逼迫对方降低期望值。

示例 4：红脸唱罢黑脸上

2014 年笔者作为律师代表参与了一件工亡事件索赔的处理。前期死者家属和公司副总、人力资源总监双方在赴国外现场共同调查死亡原因、处理善后事宜方面相处融洽，一直沟通得比较顺畅。在回到国内开始洽谈工亡赔偿事宜时，死者家属带上了自己的朋友，在谈判一开始就狮子大开口，漫天要价，而且言语中充满对公司的指责，针锋相对，一时气氛紧张，前期双方建立的融洽关系已荡然无存，在此情景下，公司副总明确表示既然双方的标准差距太大，自己就不再管了，直接交给公司法务全权处理。一时间，气氛陡然紧张，作为死者家属的代理人，笔者意识到一旦交给公司法务，很可能就会公事公办，不但副总对于死者家属的同情无法利用，而且法务肯定会坚定站在公司立场，为索赔设置很多障碍，可能会拖很久，而且死者家属带来的朋友漫天要价也得不到法律上的支持，从而不利于索赔纠纷的解决。可以说，对方公司代表先唱红脸、后由法务出场给了我方很大的压力。

如果在谈判前就所了解的各方态度发现将会是一场艰难的谈判，不妨由唱红脸和唱黑脸的同时上场，一方不断增加难度，甚至驳斥对方的各种要求；另一方则在双方剑拔弩张之时边打圆场，边息事宁人，还可以边劝说对方，以达到配合成事的目的。

唱“黑脸”的谈判者的责任，在于激起对方“这个人不好惹”“碰到这种谈判的对手真是倒了八辈子霉”的反应，而恰恰他又握有本次谈判的最终决定权，如果得罪他谈判根本无法进行下去；而唱“红脸”的谈判者则是扮演“和平天使”的角色，或者是专业人士的角色，抑或是双方都认同的第三方，使对方产生“总算松了一口气”的感觉。就这样，二者交替出现，轮番上阵，直到谈判达到目的为止。

律师作为专业的法律人士，一般在正式的谈判场合中适合以唱红脸的角色出现。因为律师不是当事人，不是直接的利益相关方，律师是理性的谈判协助人，不应该带有利害关系人的情绪参与谈判。律师对很多问题具备法律人的专业思维与考量，清楚问题的法律风险和法律底线，一方面，可以提醒己方法律风险所在及底线；另一方面，也可以适时地告知对方我方的底线及其法律依据，由于律师的特殊身份，这种提醒显得专业而有分量。

“红脸”与“黑脸”战术的功效源自第一位谈判者与第二谈判者的“联线作业”。第二位谈判者就是要利用对方对第一位谈判者所产生的恐惧、敬畏和不良印象，达到让其知难而退的效果，继续其“承前启后”的工作。如果第一位谈判的“表演”不到位，没有成功，第二位谈判者自然也就没戏可唱了，所以两者是相辅相成的关系，相互之间需要密切的配合。

☞示例 5：黑脸红脸交替，货款难以讨回

2012 年 A 公司在与 B 公司多年的合作中，由于 B 公司回款不及时，拖欠的货款不断累积，最后达到了 300 多万元，为此，A 公司专门派遣业务经理赵某前往宜兴的 B 公司催讨拖欠数年之久的货款，希望能一次性解决。在抵达宜兴公司后，公司业务负责人陈某及财务经理刘某一起隆重招待了 A 公司一行，酒至半酣，当 A 公司提出本次来 B 公司的任务就是要协商解决欠款支付的问题时，对方负责人陈某一听立刻就翻了脸，说不是跟你们老总谈好了半年后再说，现在公司资金紧张，而且以前发的货有很多还存在质量问题，反映了多次一直没得到解决，要算先要把这些扣除再说。由于最初两家公司老总在合作初期确实谈好让 B 公司帮助推销这批新货的，目的是迅速打开市场，所以刚开始 B 公司确实为此立下了汗马功劳，而且以后还有赖于与他们的继续合作，因此，A 公司的负责人陈某也不好多说什么。看双方的气氛有点尴尬，B 公司的财务负责人刘某出来打圆场，说既然 A 公司的人来了，也得给人家一个交代，否则回去也不好复差，明天看看账上资金情况如何吧，是否先付个 30 万元。看到如此前景，A 公司的人也不好说什么，给了台阶也只能下了，本来满怀的希望也只能大打折扣了，B 公司一场谈判的双簧演出就此获得了成功。

充分宣泄情绪法

谈判一般是针对某个问题进行沟通、商榷、探讨以达成某种共识或者寻求解决办法和途径的过程，所以，谈判都具有一定的目的性。有时双方的目的是一致的，比如进行业务合作、共同开发，只是在达成目标的具体方式方法上进行磋商，以明确各自及双方在合作中的权利义务，以便双方更好地配合工作。而有时双方的目标是背道而驰的，或者说针锋相对的，是一种零和博弈，一方的获益是以另一方付出代价为前提的，这样的谈判必然针尖对麦芒的，往往带有一定的情绪，一旦在双方的期望值相差太大时就难以达成妥协，甚至会出现失控的场面，导致谈判难以继续。

示例6：先宣泄情绪，后回归理性

笔者曾经帮客户处理过一起企业员工在海外工亡的案件。2015年10月，江苏某设备安装公司某项目经理在斯里兰卡突发疾病去世，为了了解真实的情况，笔者以律师的身份随同前往进行调查并协助处理善后事宜。在此过程中，通过跟他的同事沟通，走访住处，从不同侧面了解了事发时的具体情况、单位的处理意见和赔偿方案。

在料理完工亡职工的后事回国后，双方便开展了善后事宜处理及补偿款的磋商。第一次我的当事人带了他们夫妻以前的朋友以及妻子多年的闺蜜一起前往帮助谈判。该位朋友以前也曾经是该公司的员工，现在是一家建筑公司的老总，曾经多次处理过类似的工亡事故及其赔偿。经过一番简单的寒暄以后，女当事人的闺蜜首先表态，她认为工亡职工早年毕业于东南大学，又具有很好的外语水平，是企业不可多得的高级人才，目前一个农民工工亡的赔偿往往都高达100多万元，像他这样的人才至少须赔500万元。她的发言，一下子使谈判陷入了一种尴尬的境地，单位的副总只好解释说单位不可能给这么高的，必须依法办事，然后这位女闺蜜就开始拍桌子，说狠话，顿时陷入僵局。在僵持了一会儿以后，当事人的那位朋友开始表态，根据他以往处理的类似工亡事故，赔偿500万元有点高了，但200万元还是合适的，虽然那位闺蜜还是喋喋不休地坚持500万元，但显然大家觉得至少200万元的报价显得更理性一些。一番唇枪舌剑以后，双方就200万元的报价争执不休，甚至开始互相指责对方，对方的人力资源老总到后来明确说能不能让律师说说，但考虑到当时的情形双方都不肯让步，已经快到僵局的边缘，而且当事人加入进来吵架时情绪又有些激动，而作为一个律师，笔者的目的不是来吵架而是要解决问题、达成解决方案的，因此，笔者觉得时机还不成熟，就没有急于表态，而是继续沉默，静待双方继续充分宣泄情绪，同时，尽量两边安抚，保持一种吵而不破、争而不废的状态，并且让这种状态继续持续了30分钟左右。当双方感到些许疲惫，又在使尽浑身解数也无法说服对方的情况下通过这种方式宣泄情绪、消耗精力并不断降低各自的期望值，慢慢地觉得大家开始恢复理性了，此时笔者认为时机已到才开始发言，先从正面充分肯定了双方的出发点及考虑角度的积极因素，对于一些双方认同的共同点进行充分的肯定，但话锋一转，就开始双方为何要价差距如此之大，分析各方考虑问题欠妥的地方，明确指出处理这样的纠纷，首先要依法依规，既然要通过谈判达成双赢，当然要考虑个人情感因素，这样才能找出一个各方都能接受的解决方法，所以我们首先必须对赔偿金额进行一个解剖，按部就班地处理这个问题：

（1）就该事件进行定性：是否构成工亡？

由于死亡员工是在周末在住处喝酒致死的，所以是否构成工亡双方存在争议。

（2）如果构成工亡，那就涉及工亡补偿的问题。

① 工亡补偿包括哪几项？

② 标准及计算方法、计算依据。

(3)鉴于当事人这样的情况(孩子尚在小学阶段),公司是否可以做一些特殊情况的考虑与照顾。

经过前期各执一词的争吵后,双方也开始变得理性一些了,作为律师,笔者从法理情三个方面进行了有理有据的分析,依法定额,以理服人,以情动人,总算基本达成了初步的一致意见。然后,笔者又趁热打铁,建议将刚才初步沟通的结果整理成会谈纪要,通过参会的人签名认可的方式确认阶段性的成果,从而推动事情一步步按照我们既定的方向去解决。在大方案基本确定后,双方又就一些细节问题继续商讨完善,将各方的关切予以充分的考虑,从而既实现了当事人家属要求快速赔偿的要求,又解决了企业担心事情久拖不决的担忧,获得了双赢的效果。

总结本次通过谈判成功化解了一场争议危机,解决了双方的诉求,其中重要的一点就是作为参与谈判的律师一开始就让各方充分宣泄情绪,待大家恢复理性后再进入谈判不失为一种较好的谈判策略。

极限压价法

"所谓极限压价法就是利用自己的某种优势地位向对方进行极限施压,将对方置之死地而后生,目的是获取己方所需要的最低价,达到己方利益的最大化。"极限压价法是一把"双刃剑",一方面,可能帮助己方获得最低价或最优方案;另一方面,也可能就此导致对方彻底放弃并就此出局,己方的合作方少了一个选项,尤其在对方具有独家优势或是己方的唯一选项时,己方就陷入了尴尬。所以,采用极限压价法谈判,就像走钢丝,需要高超的谈判技巧及火候的把握。

示例 7：社保药品降价的“灵魂谈判”

2019 年 11 月 28 日，2019 年国家医保药品目录正式公布，有 70 个药品通过谈判，平均价格降幅达到 60.7%。其中一场“灵魂谈判”更是刷屏朋友圈：市场价为 15.96 元的阿斯利康的达格列净片(10mg)，企业代表报价 5.62 元，仍被谈判组专家砍至 4.36 元，砍出全球最低价。

我们无法窥见整个谈判的过程，但从抖音上大火的短短一分钟的谈判视频上，我们尽量以中立的角度，从谈判技法上对双方做一个复盘剖析。

(1)开局：医保局施加压力

在谈判刚开始时，医保局相关工作人员就开诚布公：“报价有两次，如果两次达不到我们的心理价位，或者(超过)医保支付标准的 15%，那就自己出局。”

相信经常在谈判桌上的甲乙双方都对这个段子非常熟悉，甲方经常利用这样的开场来向乙方施加压力。但是我们可以仔细品品这句话是什么意思？

其实这句话背后隐藏的意思很可能是：买方其实并没有明确的心理价位，或不知道如果直接暴露自己的心理价位的话是否超出乙方可以承受的底线太多。这里医保局代表很巧妙地采用这种提升压力的做法，通过管理乙方的期望来激发其求生欲从而让乙方主动大幅降价。

在谈判中我们鼓励大家提前准备好自己的开场白，一个好的开场白可以很好地管理对方的期望，从而达到事半功倍的效果。

(2)中局：把握让步节奏

让我们再来看看中间的几轮报价过程，制药公司的报价再经过医保局工作人员几轮魔性砍价后从第一轮 5.62 元的初始报价先是降到 4.72 元，然后到 4.62 元，再到 4.5 元，最后一轮报出了 4.4 元的全球最低价。

从以上这个谈判案例中，我们可以对甲方如此强势压价并能获得成功做如下解析：

首先，在该谈判中，甲方处于绝对的优势地位，主要依靠的是采购规模和行政管理部门的垄断地位。由于其特殊的地位，决定着参与竞标的药企能否介入中国庞大的医药社保市场，中国医药的社保市场高达数万亿的市场规模不得不让每个药企为之侧目，做慎重的战略考量。

其次，必须有足够的供应商可供选择，具有一定的可替代性，一般而言至少有三家可供比拼。如果是独家供应或产出，则对于甲方来说太强势的压价会没有退路可寻。如果供应商数量不足，也会面临无法选择的窘境，这样的话，会导致供需关系逆转，从而让甲方处于不利的谈判地位。

最后，由于甲方作为买方不清楚该种药品的成本，或者说行业底价，没有明确的心理价位，贸然报价会不知深浅，因此，把报价的皮球踢给了卖方，让卖方在面临多家竞争的态势下报出最低价。

通过以上三点的解析，可以看出在本次谈判中，医保局充分利用了自己在本次谈判中的优势地位，采用了极限的强势压价法并且获得了巨大的成功，不得不说这是一次非常经典且成功的谈判。

从事金融法律服务的律师都知道，在发行信托产品时，都会有 20% 的压力测试。传统上所谓压力测试（stress testing）是指将整个金融机构或资产组合置于某一特定的（主观想象的）极端市场情况下，如假设利率骤升 100 个基本点，某一货币突然贬值 30%，股价暴跌 20% 等异常的市场变化，然后测试该金融机构或资产组合在这些关键市场变量突变的压力下的表现状况，看是否能经受得起这种市场的突变。

压力测试在谈判中也同样适用。为了获取谈判利益的最大化，更有甚者会采取极限施压法。所谓极限施压法，就是采用极端的手段，或将谈判对手逼上绝路的方法，以此来探明对方的底线，获取自身最大的利益。极限施压法的关键是保证自己要有足够的筹码，以确保斗而不破，不至于造成谈判直接破裂，所以，在操作前应当进行适当的评估。

耐心比拼法

每个人处理问题的方式方法不同，所展现出来的耐心也有差异，在这方面，日本人的耐心是有目共睹的，他们在谈判中展现出的耐心、克制，为他们赢得了很多谈判的积极效果。通过耐心的比拼，在谈判中占据主导地位，并据以达到谈判的目的，也是谈判中的招数之一。

示例 8：耐心耗尽终达成和解协议

南京某小区在最初销售商品房时房价中包含了地暖，据开发商当时口头表示，房价中包含了每平方米 1000 元地暖的价格，如果是一套 100 平方米的房子，则地暖价格就达 10 万元。由于开发商领先的理念，地暖一度成为该小区销售商品房的亮点和卖点之一。

但后期销售的商品房并未含有地暖，而含有地暖的商品房在小区只是少数，这样就造成开发商每年供暖无法形成规模以降低供暖成本，光是每年补贴供暖的成本就高达 80 万元，十几年下来不胜其累，因此，开发商开始考虑断供并一次性补贴地暖户以解决问题，双方由此开展地暖补贴谈判。因部分地暖户声称当初开发商口头声称房价中地暖的成本为每平方米 1000 元，因此，要求开发商按此金额退款；但开发商一方面声称房价中地暖价格高系误传，另一方面又称地暖的管道、锅炉等硬件设施已投入成为了沉没成本而无法收回，所以，开发商损失也很大，只愿意为总计 255 户每户补贴 2 万多元，补贴上限为 760 万元，一时双方因差距太大而无法达成妥协，地暖房主们则通过各种途径和手段给开发商施加压力，如向政府投诉、拨打政府热线等。由于开发商还有一个尾盘，目前接近封顶但还没有拿到预售许可证，而政府鉴于来自地暖户的压力又不断地给开发商施加压力，要求其做出让步以便跟户主达成妥协，开发商一时进退两难。而双方经过持续多年的交涉、谈判，反反复复，业主们已经精疲力尽，而且很多业主还是高龄的老年人，眼看达成妥协的希望越来越渺茫而失去耐心。

业主们通过朋友找到笔者，笔者介入以后，帮助双方分析了各自的利弊得失，从开发商角度，这种压力传递给政府，政府必然还是要求开发商妥协，否则，后期办理相关许可证就会受到影响；而从业主角度出发，眼看且今年开始断供暖气，导致很多地暖户的老年人已经无法忍受，长此以往的僵局直接受害人必然是地暖户的业主。听过律师的分析后，有些业主开始变得理性，同意接受开发商每户补贴2万~3万元（根据面积大小）的方案，而这个补贴金额也基本够每个家庭安装地暖了，如果能有几十户组团采购，或许还能获得更加优惠的团购价，这样就能一次性解决双方的问题了。针对部分不理性的地暖户迟迟不接受该解决方案而继续闹事的情况，为了把握时机降低解决问题的难度，防止过了该窗口期更难解决问题，律师劝说同意接受该方案的地暖户先行签约，形成示范效应，也督促其他不理性的地暖户面对现实，回归理性以解决问题。

多次的谈判、交涉、吵闹，各种不理性的诉求，最终因旷日持久的僵持而耗尽了双方的耐心，律师正是抓住了这一窗口期，在充分分析利弊并协调双方意见的基础上争取各方妥协，最后成功说服双方达成了和解方案，避免了矛盾的激化，达到了定分止争的目的。

故意冷落法

在谈判中，故意冷落法往往用在一些对谈判不抱很大希望但又必须出席的场合，所谓“死马当活马医”，有时确实也能给谈判者带来惊喜，所以不要轻言放弃。故意冷落法又分为真正的故意冷落法和假意的故意冷落法。真正的故意冷落法是不择手段在一切问题上打压对方，本身就是抱着一种无所谓的态度。

假意的故意冷落法目的是达成谈判的目标，但又害怕对方的期望值过高，或者握有制约性的秘密武器，故意通过冷淡的办法来打击对方的气焰，以此促使对方平静地坐到谈判桌前来。

后发制人

谈判中，有时为了取得更好的效果，在具体的战术运用上，我们常常建议后发制人。

所谓后发制人，就是让谈判对手在陈述、论证及表态时先吐为快，让对手充分地展示自己的想法、态度及诉求，而作为另一方的谈判人员，或者作为当事人的谈判辅助人员的律师，我们往往会选择在对方充分发挥以后再发表我们的意见。

后发制人策略往往会在谈判过程中显示出出乎意料的优势，尤其当意见分歧很大，气氛处于比较紧张的状况时效果更佳。后发制人的策略是在谈判过程中，先让一方尽可能多地发表意见，不与之争论，而是仔细倾听，记录要点，思考对策，待到对方全部说完充分表达以后，再以相应的对策使其折服。

☞示例9：中意企业设备进口谈判

1998年，我国南平铝厂厂长高泽瑞赴意大利与伯勒达公司就引进先进技术设备的有关问题进行谈判。

谈判开始时，伯勒达公司的谈判代表，对中方代表流露出不尊重。他们依仗技术优势，漫天要价，抛出的价格远高于市场最高价，同时，卖方代表还竭力宣称他们的设备是世界一流水平，对中方代表实施先声夺人策略。高泽瑞没有被对手的技法所蛊惑，而是注意认真地倾听。

等对方报价、自我夸奖等一系列表演结束后，高泽瑞沉着且彬彬有礼地回答："我们中国人民最讲究实事求是，还是请你们把图纸拿来看看吧！"等对方代表把图纸拿来后，高泽瑞根据设备图纸分析比较，指出成套设备在哪些方面是先进合理的，哪些方面有欠缺，不如德国的同类设备等。

高泽瑞的分析有理有据，使意方代表面露窘色，深为叹服，一反傲慢态度。高泽瑞继续说："先进的液压系统是贵公司对世界铝业的重大贡献，20年前我们就研究过……"高泽瑞的发言让意方代表折服。最后意方代表连说："了不起，了不起……你们需要什么，我们可以提供，一切从优考虑。"

最终，南平铝厂以优惠价格成交了一系列先进的铝加工设备，为国家节约了大量外汇。高泽瑞就是使用了后发制人的策略，待对方滔滔不绝之后，已无话可说之时，再针对对方的不实之处，发表自己超人的见解，不可谓不是明智之举。而相反，如果是在对方胡乱要价，侃侃而谈之时沉不住气而与之争论，不但显得有失身份，而且很可能导致谈判进入僵局甚或破裂。

谈判是一场没有硝烟的战争，后发制人的策略如果能得到很好的运用，也常常会取得出奇制胜的效果，现梳理总结如下：

（1）后发制人可以让我们充分了解、全面掌握对方的情况、想法、诉求、争议焦点等，也可以让我们充分了解对方的薄弱点、自相矛盾点及盲点，以便我们作出准确的判断，找到谈判的切入点和反驳的重点。

（2）后发制人让我们占领道德、真理的制高点，有利于一招制敌，给对方以雷霆的一击。其优点在于明知对方的指责是错误的，对方掌握的事实不符合真相，对方在某些问题上歪曲事实，而不急于采取抢答式的回复，而是待其穷尽发言、尽情表演后集中予以回击，采取列举式一一予以驳斥，通过层层递进的方式阐明我方的立场，效果更佳。

（3）后发制人让我们掌握反击的最佳时机，更有把握获得预期的效果。有时对于对方的一些小问题如果做大文章，会显示我方过于小题大做，只待积少成多、积小成大之时一并予以回击，不是不报，而是时候未到，一旦反击，就要呈雷霆之势，确保一招制敌，所谓“集中优势力量打歼灭战”，所以，后发制人不是不敢回击，而是在等待反击的最佳时机进行回击。

（4）后发制人让我们进退自如，有更多自如、自主调整的余地和空间。后发制人有利于我们看清真相，彻底了解情况，匆忙发言有时会错误领会对手意思，有时谈判中过早表态反而会让自己没有退路，本来可以争取更大的利益或机会而由此失去，从而让自己陷入尴尬的境地。

迂回战术的运用

在战争中，如果正面遭遇强大的敌人，或者对方对于我方的正面进攻早已有所防备，难以达到出其不意的效果，或者正面进攻难度较大，需要付出很大的代价，则会考虑采用迂回战术，找到敌人的薄弱环节进行突破，从而达到出奇制胜的效果。

解放军在长期的对敌斗争中总结出了很多战术并熟练运用，其中大迂回战术在解放战争、朝鲜战争中得到多次运用，取得了一个又一个重大的胜利。同样，在谈判中，如果双方遭遇了正面的对抗，双方互不相让，一时间难以有效突破，甚至造成双方暂时陷入僵局，就可以考虑是否采取迂回战术，避免正面的对抗，另辟蹊径，说不定能带来柳暗花明又一村的效果。

☞示例10：从此路不通到找对人

笔者在2014年为一家南京本地的企业提供新三板挂牌的法律服务时，就遇到了一个难题。

这是一家中港合资企业，老板于20世纪90年代在香港地区设立了一家注册资本50万港元的公司，然后返程投资在南京设立了目前这家合资企业，目的就是享受当时国家对于外资企业的一些税收优惠政策。但对于这50万港元是如何筹措的？资金是如何从南京汇到香港的账户上的？老板讳莫如深，始终不肯详细说明。为了弄清这个问题的来龙去脉，避免将来过会时面对股转系统公司的质询时无法回答，先是券商代表找老板谈了一个多小时，希望他能如实告知当时的实情，后笔者作为本项目的法律服务律师也找老板谈了这件事，但老板始终不肯透露一二。

如果这个问题不说清楚，在后期很可能造成新三板挂牌项目功亏一篑。经过反复考虑，如何寻找到这个突破口呢？为此，首先，笔者分析了这种情况当年可能有的几种解决方案，其次，笔者知道这家企业股东是一家三口，夫妻俩和儿子，而儿子是从美国留学回来不久的，思想比较开放，而挂牌新三板也是由儿子倡导并积极推动的，为此，笔者认为先做儿子的工作应该是比较可行的突破口。因此，笔者联系了小老板，把以上想法与他做了充分的交流，取得了小老板的认可，当即表示他会同意去做他父亲的工作。果然，第二天上午就收到了老板的电话，约笔者去公司商量一下这件事情。由于有小老板的有效工作在先，此时笔者再晓之以理就很容易被接受了，老板把事情的来龙去脉清楚跟我说了，也解释了他的担忧，我们就根据他说的情况，结合新三板挂牌的要求，为他完善了解决方案，半年后，公司经历了质询、意见反馈，最终成功在新三板挂牌。

谈判中常常会遇到这样的情况，双方纠缠于某个问题，久谈不下，就像战斗遇到了堡垒，绕不开也攻不下，但久攻不下一方面会使谈判双方疲惫不堪，失去谈判的效率；另一方面也会挫伤谈判者的积极心和耐心，影响到后续谈判的进程。此时，切忌硬攻、猛闯，针锋相对的结果有时不但解决不了问题，反而会使问题变得更复杂，增加后续谈判的难度。换个角度，换个方法，尝试一下新的手段和工具，说不定能找到突破的办法（见表5）。

表5　迂回战术可选方案

序号	方法	效果及评价
1	找其他对其有影响力的人、熟悉的人帮忙游说，寻找解决问题的突破口	找到合适的、有权威人方能施加影响，往往无可替代
2	投其所好，换取对方适度的让步	根据边际效用原理，对方最需要的也是其最看重的
3	适当的利益交换	适用于非零和博弈的统筹型谈判，各取所需。利益的交换不仅限于金钱利益，根据需要，还有其他譬如声誉、信用、未来的合作利益、良好的口碑等都可以作为交换的筹码
4	从其家人入手，争取同盟军的同情、支持	从其家人入手，容易拉近彼此距离，赢得好感

示例 11：迂回战术拯救黄金荣

当年上海滩黄金荣与卢小嘉的恩怨情仇也是通过迂回的方法最后由杜月笙出面摆平的。

民国时期的上海，动荡不堪。民国四大公子之一军阀卢永祥的儿子卢小嘉一日在上海看戏时，对于当时受黄金荣热捧的露兰春唱错台词大喝倒彩，惹恼了黄金荣而被打了一巴掌。恼羞成怒的卢永祥派人抓住黄金荣关入了地下室，欲置其于死地。为此，黄金荣家人四处求爷爷告奶奶，赔礼道歉都于事无补，最后还是由张啸林、杜月笙从中斡旋，答应给予卢小嘉一笔不菲的股份分红等好处，才总算保住了黄金荣的性命。

迂回战术是当正面的交锋无法解决问题时，要灵活地考虑从侧面、后面，甚至外围等多个方面寻找突破口，为了解决问题，就不能死守住自己面子，而要避其锋芒，投其所好，甚至暗中操纵施加对其的影响，从而解开问题的症结。

故意找茬法

谈判中，有时为了达到某种目的，故意通过找到对方的漏洞、过错进行借题发挥，甚至在此基础上进一步夸大其词，大做文章，推向极致，从而达到在开始谈判前或者谈判中当自己处于困局之中时借以打击对方的气势，扭转不利的局面，为自己争取有利的谈判地位。

故意找茬法一般会从以下方面入手，寻找突破口：

（1）故意找出对方不同的谈判人员陈述及表态中自相矛盾的地方并大做文章；

（2）故意找出对方礼仪不周到的地方进行抱怨、责怪，试图以此打击对方的气焰；

（3）故意找出对方存在明显错误、明显不合理的要求及主张的地方，并加以抨击；

（4）其他在谈判前后对方出现的差错、瑕疵及留下话柄的地方，借题发挥，小题大做。

对比驳斥法

示例 12：用事实对比说话

《特赦 1959》是一部关于国民党战犯的电视剧，过程曲折艰难，斗争复杂。其中有一个片段，反映了看守所解放军所长王英光如何与国民党高级将领黄维之间斗智斗勇的小故事。

当叶立三义正辞严地找到王英光所长要吃红烧肉时，王英光所长并没有指责他的这种想法，而是表示认同，也想吃红烧肉，然后带叶立三去了解放军的食堂，官兵同样的伙食标准，每月 4 元，而战犯的伙食标准是每月 10 元，生病了还可以吃小灶，每月 16 元，在解放军食堂，王英光所长现场解释解放军官兵的早餐都摆在桌上，比战犯少了鸡蛋和两个肉菜包，说得叶立三哑口无言，转身就走。用事实说话，用标准对比，再加上现场查看，王英光所长采用的对比驳斥法比说教更让叶立三心服口服，完全达到了教育的作用与效果。

从以上案例可以看出，在关键时候采取对比驳斥法，可以起到出奇制胜的效果，有很多人永远是对别人的错误横加指责，而对自己的错误视而不见，对别人和对自己采用双重标准，遇到这样的人或谈判对手，对比驳斥法及时而有力。

对比驳斥法的本质是对双重标准的彻底否定和驳斥是对西方傲慢与偏见的一种强有力的回击，而且，在谈判或交涉时采用对比驳斥法时使用反问句式效果更好，大大加强了驳斥的语气，让听者形成鲜明的对比和强烈的反差，从而达到让别有用心者哑口无言的效果。

给予额外帮助

示例13：额外帮助解困境

2020年年初，热播电视剧《安家》以房产中介作为贯穿全剧的主线展开故事，其中有一段涉及两家都是通过安家买房的邻居因为一家女儿在家练习小提琴的声音尖利且难听，而另一家为了报复故意在家熏艾草搞得烟雾缭绕而引发了邻里矛盾，双方共同找到了作为他们房产中介介绍购房的安家来协调。

本来是友好邻居，每天抬头不见低头见的，但因为双方互不相让而导致矛盾不断升级，双方都大有死磕到底的决心和态度，一时间剑拔弩张。针对这一情况，安家的中介只有分头安慰，却一时也拿不出什么好办法来解决，此时，作为安家店长的房似锦在聊天时意外发现熏艾草的女主人有多年不孕的顽症至今未能解决，而自己正好认识一位专门治疗不孕不育症的老中医，遂急中生智赶紧介绍给她。房似锦这一看似与本次谈判或调停无关的暖心帮助行动，却了结了女房主多年未了的心愿，顿时赢得了她的好感，房似锦趁热打铁，提出双方缓和关系的建议与办法，得到了双方的认同。由于作为调停人给予的额外帮助，解决了其中一家的大问题，顿时缓和了情绪，一旦心平气和下来双方也都明白是双方都没有设身处地为对方考虑，一时赌气而已，最终在房似锦的协调下，问题迎刃而解，两家又重新握手言和。

生活中或者谈判中也经常会发生这样的事情，看似与谈判本身无关，但作为谈判一方的一个小的举动却能温暖人心，获得对方的好感，从而使得谈判推进起来格外的顺利，所谓“功夫在诗外”。

每个人都有生活中烦恼的事情，人在尘世间，免不了各种纷繁嘈杂之事的困扰，作为谈判人员，如果能通过交流了解到对方的烦恼困惑之事，在力所能及的范围内及时伸出援手，这种善意的举动肯定会赢得对方的好感，有时甚至能化敌为友，至少能为谈判创造良好的条件和氛围。

另辟蹊径法

谈判中，有时明知自己理亏，或者在谈判中没有多少筹码可用，但还得硬着头皮上，面对即将来临的不利谈判结果或必输结局，如何走出谈判中这样的困境呢？另辟蹊径有时不失为谈判困局中突破的一个有效的招数。

谈判中，需要收集各路信息，掌握跟谈判有关或跟对方谈判人员、公司有关的最充分的信息，拓展谈判的思路，可以帮助谈判人员在遇到障碍、难题或困境时另辟蹊径，突破当前的困局，寻找到另外的解决办法，往往会有一种“柳暗花明又一村”的感觉。

在抗日战争期间，日本人的部队经过初期的大扫荡以后，由于战线拉得过长，阵势铺得太开，逐渐面临兵力不足的问题，因此，日军往往固守着一些大城市、据点不出。由于日军在军事装备占有优势，尤其是重武器数量足、火力猛，如果八路军的部队选择攻城的话，有时需要付出惨重的代价，造成的伤亡太大。根据党中央毛主席的指示，我们军队的目的不在于一城一地的得失，而是要以不断地歼灭敌人的有生力量为目标，为此，八路军发明了围点打援的办法，就是围住某个城市、据点的敌人不打，而在增援敌人来的路上设置埋伏，出其不意地歼灭增援之敌，达到消灭敌人有生力量的目的，效果非常不错。

同1950年志愿军在朝鲜战场上的表现一样，面对以美国为首的强大联军，面对武器装备、火力、供给、后勤保障等各方面都大大优于我们的敌人，各级指战员就总结如何在如此不对等的情况下打运动战，打巧仗，打聪明仗，如白天头上有美国的飞机，那我们就晚上出击；敌人最害怕被切断供应，我们就派队伍专门去袭击敌人的供应链等，通过这种种另辟蹊径的做法，达到了抗美援朝的战略目标。

暂时搁置战略

谈判中会有很多无法回避的问题，但并不是一次谈判都能彻底解决的。当遇到这些问题时，就要客观、理性地分析、判断，本次谈判要解决的首要问题是什么？这个问题在本次谈判中居于什么地位？解决问题的现实性和紧迫性何在？

谈判主题有宏观的也有微观的，有涉及大局也有关乎细节的，凡事都是有主有次，不可能指望通过一次谈判解决所有的问题，用现实主义的态度来看待问题、解决问题，才是正确之道。

比如涉及国与国之间的领土纷争，民族、种族以及宗教之间的问题，错综复杂，追溯历史往往都已变得模糊，有时很难通过几次谈判来解决。还有的问题的解决，要看现实条件是否具备，是否成熟，如果条件不具备、不成熟则根本没有谈判的空间和可能性，纯粹是谈判双方的对立，此时，就应当作出理性选择，搁置争议，留待以后条件具备或成熟再作考虑，不失为一种妥善的处理办法。

历史的经验和教训一再告诉我们，在一些原则性、重大的问题上，特别是涉及双方根本利益上的一些问题，在一定时期很难通过谈判解决，最后不得不诉诸武力，使一代又一代人为此付出了惨重的代价。中东的乱局、印巴克什米尔之争等，所有的战争都是因为交战双方无法求大同存小异，无法对于一些解决不了的问题暂时搁置争议，最后的结果没有赢家。

搁置争议不是不解决问题，而是当一时找不到合适的解决办法时，或者时机不合适无法解决时的一种策略对于双方都是公平的缓兵之计。求大同存小异，通过双方或各方在共同开发中共赢或利益共享，建立起彼此友好的合作关系，成为今后解决问题的基础。

声东击西法

三十六计中的声东击西在现实生活中被使用的频率非常高，它以假动作欺敌，掩护主力在第一时间击其要害。表面上声言攻打东面，并且做出一系列欺骗性的动作迷惑对方，让对方对于我方的意图深信不疑，进而借此吸引对方的注意力和重点防御。声东击西之计，早已被历代军事家熟知，使用时必须充分估计敌方情况。方法虽是一个，但可变化无穷。

在谈判中，这一策略在于把对方的注意力集中在我方不甚感兴趣的问题上，使对方增加满足感。一方为达到某种目的和需要，故作声势地将洽谈的议题引导到某些并非重要的问题上去，以使对方造成错觉。使用此策略的一个目的，往往是掩盖真实的企图。这个技巧在魔术师的手中应用得最为高明，通过声东击西的办法，转移对方的视线和注意力，在不经意间引导对方关注我方不甚感兴趣的问题，一旦我方认可，则会增加对方的满足感和成就感，为我方争取对自己有利的条件创造机会。比如“围魏”的真正目的是“救赵”，而“项庄舞剑”则“意在沛公”。之所以要掩盖真实的动机，无非是怕真实的动机一旦暴露，就很难实现目的。只有在对手毫无准备的情况下，才容易实现目标。声东击西的策略就是要达到乘虚而入的目的。

☞示例 14：虚称要产品 B 用以逼对手降价产品 A

代理商的业务员手中的有位专卖店客户，长期以来，代理商一直给这位客户供货的是产品 A，有一天，专卖店老板打电话告诉业务员：有几个客户订购了产品 B，希望三天内供货。相对于产品 A，产品 B 属于产品 A 的简化版，但价格低了 20%。这下业务员犯难了，因为产品 B 公司并不是主推的，而且没有备货，如果现在提货的话，也需要一个礼拜才能到仓库，所以该业务员与专卖店老板进行沟通，希望还是供应产品 A，产品虽然型号不同，但是大小尺寸功能效果都没有差别，只是外观略有不同，该专卖店老板面带愠色，说是顾客要求的，难以更改，不知道顾客会不会接受。

这位专卖店老板接二连三电话催问业务员，业务员也如同热锅上的蚂蚁一样团团转，不知道该如何处理。到了第三天，这位专卖店老板给业务员打电话说：经过艰难沟通，顾客说可以试试产品 A，但是一定要求产品 A 价格降低价格才肯同意，因此，要求业务员进行降价。该名业务员也是刚入行不久，情急之下答应了专卖店老板的要求。待到售后师傅上门安装的时候，不经意间提起了更换产品的事情，顾客竟然说毫不知情。原来专卖店的老板通过这种声东击西的方式目的就是要求代理商降价。

☞示例 15：设备比两家，目的在压价

某工厂要从日本 A 公司引进收音机生产线，在引进过程中双方进行谈判。在谈判开始之后，日本公司坚持要按过去卖给某厂的价格来定价，坚决不让步，谈判进入僵局。我方为了占据主动地位，开始与日本B公司频频接触，洽谈相同的项目，并有意将此情报传播，同时通过有关人员向A公司传递价格信息，A公司不愿失去这笔交易，很快接受我方提出的价格，这个价格比过去其他厂商引进的价格低了26%。

欲擒故纵

欲擒故纵作为一种军事战术，同样可以应用于谈判之中。在项目谈判中，常常使用“拒绝”加“合作”的方法来达到与对方达成协议的目的，有时会见奇效。有时候你的对手当他觉得你有求于他的时候，他就会得寸进尺，企图占你一个大便宜，对这种人，就可以尝试一下“欲擒故纵”法的谈判技巧。但使用该技巧应事先做好充分的谋划，否则会适得其反，如应充分了解对方的软肋，对方跟我方合作最大的诉求是什么，我方及对方在该问题上有无退路或替代性方案等。

使用时要注意：

其一，立点在“擒”，故“纵”时应积极地“纵”，即在“纵”中激起对手的成交欲望。激的手法是：一方面表现己方的不在乎，利益关系不大；另一方面要尽可能揭示对方的利益所在，显示出我方处处为其着想。

其二，在冷漠之中有意给对方制造机会，只不过应在其等待、努力之后，再给机会与条件，让其有种得来不易的感觉而倍感珍惜。

其三，注意把握言谈的分寸，即讲话时掌握火候要准确，“纵”时的用语应有尊重对方的成分，切不可羞辱对手。

示例16：欲擒故纵逼迫对手就范

2011年8月，笔者参加了一个索赔的项目谈判，由于对方是一家供应及安装工业管道的企业，多年来跟我单位及其下属单位合作良好，但就是在我单位的其中一个子公司的管道安装上出现了问题，造成了这家单位管道破裂，停产数十日，直接经济损失就达到 200 多万元，而管道供应及安装的总价值才一百多万元。我方也考虑到对方的实际情况，提出来索赔 50 万元的要求，希望从剩余的货款中直接扣除，但对方却坚持他们是小本经营，不同意我方的索赔方案，时间拖了好几个月迟迟得不到解决。在最后一次谈判中，谈着谈着我方代表义正词严地表示今天再不接受我方的谈判方案就没有必要再谈下去了，我方已收集了足够的证据准备通过司法途径解决；而一旦通过司法途径，则集团公司表示从此将该单位列入合作的黑名单，永不再合作，所以今天如果不同意我方的解决方案，双方就不必再行谈判。对方的谈判代表没料到我方来这一手，连忙联系其公司老板，经过十多分钟的电话沟通，考虑长期以来及今后的合作利益，态度来了个一百八十度的大转弯，连连表示他们珍视跟我司这么多年良好的合作关系，不要因为这个小问题而影响合作的大局，并欣然同意接受我方的解决方案，终于使一件久拖未决的纠纷得到了相对合理的解决。

欲擒故纵法若是卖方运用则是另一种方式，即用不积极推销的方法达到积极推销的目的。

比如，当对方一开始就对你们的产品感兴趣，并基本上持肯定态度时，你不要立即大张旗鼓地、滔滔不绝地向对方介绍产品的详细特点、性能、如何便宜、如何质量好、如何售后服务有保障等，而应尽量延长对方“感兴趣”“肯定态度”等愉快心态的时间，等待着对方向你了解产品的细节或用适当的语言诱导对方向你了解产品的情况。

对于购买趋向比较明显的对手，卖方可以适当降低推销热度，当然不是冷淡，而是把握一种“你买不买是无所谓的，但我愿意与你洽谈，愿意为你服务”的分寸，并且在对方答应购买了之后也不要迅速升温，甚至签订了购货合同之后也不能升温太过，只有成交之后双方成为贸易伙伴了，再用高度的热情“拉”住对方。

在洽谈律师业务特别是个人业务时，大部分的当事人由于涉及切身利益，往往会非常在乎性价比，尤其是律师费价格，因此，一般都会跑多家律所，接触多个律师比较其办案思路和报价方案。

☞ 示例 17：尽力而为，更显诚意

笔者在 2020 年 4 月就曾遇到过一个理财产品维权案，由于案情比较复杂，涉及信托、集合资产管理计划等多个专业的金融产品和许多金融概念，涉及当事人有融资主体、发行信托产品的主体、资管计划的管理人、监督人等多个主体，一般没有接触过或没有从事此类法律服务的律师不敢贸然接案。在初步了解了案情后，笔者根据其提供的有限的证据材料起草了初步的法律服务方案，并结合案例的研究做了几种判断。但当事人始终没有对是否交给我们团队办理表态，在第二次洽谈时当事人也明确表态他们主要从律师的态度、专业化水平以及报价等几个方面进行判断，才能最终确定代理律师人选。对此，笔者当即明确表态，我们的方案仅供参考，并不构成任何约束，涉及当事人的切身利益，完全可以多比较几个律所的律师，从而选出最优的方案。而作为律师，我们则要在当事人最关注的几个方面及其选择律师的标准入手，把事情做好做漂亮，比空口的许诺显得更有诚意，更专业，也对当事人更有说服力。

欲擒故纵法的适用对象最好是那种刚愎自用、自以为是、虚荣心强、傲慢自大的谈判对手，反之便可能弄巧成拙。

以其人之矛攻其人之盾

以其人之矛攻其人之盾，又称“自相矛盾法”。在一些重要、复杂的谈判中，谈判一方往往会组成一个由公司多个部门的负责人组成的谈判小组，分工协作，各司其职。由于谈判人员来自不同的部门，代表着公司不同部门的利益，事先如果缺乏充分的沟通，对于谈判内容的把握或了解以及掌握的材料熟悉程度不同、各自的价值判断标准不同，往往会对于同一个问题有不同的看法或意见，在谈判过程中为了不同的目的作差异化的表态，从而影响团队一致对外的效果，甚而产生一个谈判小组内部自相矛盾的表述和表态，情节较轻的，还可以通过一些谈判的技巧掩饰过去，比如及时转移话题，由团队负责人表态否定其中某个成员的意见，但也是给对方留下了谈判中的话柄，给人以谈判不严谨的感觉；情节严重的，或者遇上经验丰富的谈判对手，甚至会授人以柄，让对方抓住不放，步步紧逼，从而在谈判中遭受严重的打压，影响己方继续谈判的信心和谈判内部的团结，导致谈判局面的彻底扭转，所以，谈判开始前的准备工作包括谈判小组成员之间的沟通、协调，对一些主要问题、关键问题统一认识、统一意见是非常重要的，这样才能保证谈判过程中的统一口径，一致对外。

示例 18：委托人和代理人庭上观点相反

笔者在 2013 年办理过的一个劳动争议案庭审中，就发现对方出庭的总经理（法定代表人）和代理律师在一些涉及案件事实的陈述和一些问题的表态上常常有不一致的地方。如开庭前，我们对于对方存在两个主体的问题有点担心，担心对方只认可其中一个主体，通过我们查询了这两家企业的登记信息，可以确认两家企业的法定代表人是同一人，因此，准备在庭审时通过证明该两家企业是由同一人控制、机构及人员混同、财务、业务混同等方面，要求法庭认定我方关于该两家企业应同时成为本案被告的主张，以确保本案判决后履行能得到有效的保障。我们为此准备了一系列的证据，谁知庭审中对方律师先是说这是两家不同的公司，彼此都是独立的法人，但紧接着对方总经理直接确认了这两家公司就是“两块牌子、一套人马”，她的表态省去了我们准备的证据展示和质证意见，根本不需要在这个问题上再做任何争论了，大大出乎我们的意料，而此时律师却还在奋力辩解说两家企业不是一回事，法官直接对事实予以了确认。代理律师和当事人在这个问题上互相矛盾的表态，显然是由于他们在开庭前对很多问题的细节没有做好沟通、协调一致，而是仓促上阵，才会造成如此的弄巧成拙。

庭审的辩论阶段，甚至更早的质证阶段，原告、被告在一些问题上的意见不同，针锋相对，是庭审中常见的情形。通过辩论，还原或证实事情的真相，获得法官的认可，是律师的一项重要的工作。所以，庭审的质证或辩论就是一场零和博弈的谈判，双方都想压倒对方，此时，如果一方内部出现了差池，就等于给了对方可乘之机，达到打击阵营、分化同盟的效果。

以其人之矛攻其人之盾，必须考虑两个方面的因素。首先，必须有来自于对方的“矛”，由对方提供“矛”，或善于发现并及时抓住对方的“矛”来攻击对方，显得更有说服力和战斗力，很容易打乱对方的阵脚。如果此时对方内部出现更大的矛盾，或开始互相埋怨，互相扯皮，说明该招数使用得非常成功，达到了预期目的，进而为下一步的谈判争取了有利的态势。其次，应及时抓住对方的“盾”并予以攻击。这种“矛”和“盾”有时比较明确，有时又是相互转换的，但一旦发现对方内部出现矛盾的意见，作为一个聪明的谈判者，应反应迅速，及时出手，通过让其“矛”“盾”互攻，达到目的。

充分发酵法

每个问题的解决都会有个合适的时机，掐准了时机，问题解决起来就会容易得多，有时往往会获得出乎意料的结果；而如果选择的时机不对，或者说火候未到，则再怎么努力，却是收效甚微。这就是俗话所说的“不是不报，时候未到”，时候一到，一切皆变得顺理成章。

世界上万事万物都有自己发展、演变的规律可循，所有事物的发展、变化都会有一个萌芽、起步、发展、成熟直至结束的过程，很多问题的产生和解决也会有这样一种发展规律，所以，发现、寻找和判断解决问题的合适时机，也是每一个谈判者需要学会的基本功。

在正式谈判中，也有一个谈判节奏的把握问题。谈判是一个循序渐进的过程，从开始的寒暄、自我介绍、互相熟悉、互相试探，到逐步转入正题，慢慢接触主题，就实质性问题开始探讨，就一些不同的观点开始交锋，此时，作为一个老练的谈判者，应该注意聆听对方每个参与谈判人员的发言，准确把握对手传递出的各种信息，以印证己方事先的判断，确认对方内心真实的想法，找到突破口，同时，还要注意协调己方对一些问题的看法，形成统一的意见和态度，而不是一听到对方有不同的意见就急于表态。“耐得住性子，方能守得住初心”，要时刻提醒自己谈判的目标和任务是什么。双方的矛盾、观点必须充分地展示、披露，尤其是让对方充分展现出来，表达越充分我们了解的信息越多，有问题有矛盾不要藏着掖着，让不满充分表达，让情绪充分宣泄，这样一方面有利于我们全面评估谈判的形势，另一方面也有利于提高谈判的效率。

回马枪法

商场如战场，波诡云谲，竞争激烈而严酷，为了达成商战的目的，赢得商战的胜利，有时不得不出奇招，方能在众多竞争者中脱颖而出。

当供应不足，需求者虽众，但信心不足，举棋不定之时，此时以高价格竞争不但不能拿下标的，反而让需求者看到了标的物的真正价值所在，激发起大家的从众心理，很可能推波助澜，形成水涨船高之势，并最终导致抢购落空。此时，为了达到目的，就应当考虑采取合适的策略，以避开众多的竞争者，达到独占花魁的目的。

示例 19：回马枪独家买下招商地块

在电视剧《正阳门下》中，就有这么一段情节。

作为工商局处长的李媛，受房山招商局李部长的委托，答应带领老插同学组成的招商考察团前去了解房山区的投资环境，特别是有几块出让的地块，于是组织了一批十多人的招商引资考察团，浩浩荡荡地开到了房山区。

招商局李部长隆重而热烈地接待了考察团一行，详细地向他们介绍房山区招商引资的优惠政策和可供地块，特别是一块性价比较高的地块引起了大家的注意，一时引得众人议论纷纷。几个有兴趣的团员依次发言，表达了对这个地块的兴趣，但轮到韩春明发言时，他却从土地的价格、地理位置、土地的自然条件、可以考虑的用途等几个方面发表了相反的意见，给有兴趣购买该地块的人当头泼了一盆冷水，将大家刚刚兴起的一点热情全部浇灭了，一通大放厥词以后，韩春明竟然起身告辞，直接打道回府了，韩春明的一番言辞以及拔腿开溜的表现，显示他对此根本没兴趣，也彻底影响了大家的热情和兴趣，于是众人在参观了一番后悻悻然踏上归程了。

谁知韩春明并没有走远，等看到全体考察团的车子一溜烟已经走远，韩春明一个回马枪又杀了回来，找到李部长，当即表示要买下这个地块用于盖工厂，并且事不宜迟地办完了购买土地的相关手续，一举拿下了该地块。几日后，待李部长和李媛说起韩春明那天杀了个回马枪买下了那个地块时，众人追悔莫及，纷纷称被韩春明骗了，后悔自己当时缺乏独立的判断，被韩春明的障眼法蒙蔽了。

不得不说，韩春明这个回马枪杀得好，杀得及时，如果在李部长接待众人时表现出对该地块的兴趣，并且开始讨价还价，非但很可能最后落入他人之手，即使有幸买下，也是一番厮杀，付出的代价也要更多。应该说，韩春明的这个回马枪战术运用得非常到位。

求同存异法

谈判双方在开始谈判前，总会存在不同的想法和对利益的不同诉求，有时往往是针锋相对、无法调和，但由于双方存在多重利益的交叉，又不能因为某个利益方面的对立而不接触、不沟通甚至不合作，所以，在很多时候只能求同存异，先解决大局的问题，从而才能有效地推进谈判。

人与人之间的关系如此，国与国之间也是，尤其是一些存在历史恩怨的相邻国家之间，由于现实利益冲突、领土纷争，两国之间永远是一种剪不断、理还乱的纠缠关系。

在很多商业谈判中，也存在这样的问题。由于谈判双方规模不同、实力差异，掌握的资源千差万别，但有时为了一个共同的商业目的不得不联合起来，开展业务或项目合作，特别是当两家实力和规模悬殊的企业开展合作时，其谈判的地位差异确实很大，实力强大的一方往往会表现得非常强势，在这种情况下，笔者提出的建议是：求大同存小异，只要没有大的法律风险，为了合作的大局，为了公司长远的合作利益，接受看起来确实不怎么“平等”的合作协议。

☞示例 20：代表民企与国企进行业务合作谈判

某民企 A 公司的董事长赵某原系某国企 B 公司的副总，自己下海后成立了 A 公司长期跟国企 B 公司就非洲的工程承包开展业务合作。由于赵某在非洲耕耘已有 30 多年之久，在非洲拥有广泛的知名度和人脉关系，能不断地接到各类工程承包业务，相比国内的工程项目毛利率高很多，并且自己公司也有一支专业的设计、施工队伍常驻非洲，而国企 B 公司因其国资身份，在获取总承包项目及项目贷款等方面有着自己的优势，双方建立了长期的互惠合作关系。但在近几年的合作中纠纷不断、矛盾重重，如工程款支付不及时、汇率风险的承担、工程款结算金额等，国企 B 公司利用的自己的优势地位处处压制 A 公司。

1. 谈判前的考量

笔者作为民企 A 公司的法律顾问，在深入了解双方的合作历史、纠纷情况及其原因、国企方相关负责人的态度并参加了几次双方就项目合作中需要解决的具体问题的碰头会后，提出了以下建议：

首先，应理顺双方之间的关系，明确合作的大局和各自的定位，再次强调双方之间是一种平等互利的合作共赢关系。

既然双方系一种互利的合作关系，地位应该是平等的，因此，很多问题应该通过协商的方式解决，不能通过压、卡、逼的方式解决问题。

其次，必须依据合作共赢的大框架来界定双方在合作中的基本权利义务，明确双方在哪些主要方面应该给予对方密切的配合，今后在具体业务合作中产生的问题必须依据合作框架确定的原则、方法来解决，确定了有效的问题解决机制，不得背离框架协议确定的基本准则，以免影响双方之间的长期、友好的合作关系。

最后，在以上指导原则的基础上，拟定并签署双方的合作框架协议。为了妥善地解决双方之间的历史问题和规范合作业务，经过笔者的争取，双方同意由笔者来负责起草合作框架协议，并在此基础上就框架协议开展谈判并签署，以此作为规范双方今后合作的指导性文件。通过此框架协议的谈判与签署，扭转了原先不正常的合作关系，逐步向正确的方向调整。

2. 谈判前的准备

我们在谈判前做好如下准备工作：

（1）组建专门的谈判团队

针对本次谈判的重要性及国企B公司每次谈判的团队分工协作，民企A公司方面高度重视本次的框架协议谈判，组建了专门的谈判团队，成员有负责工程业务的项目经理、财务、采购经理、法务、律师，并且在谈判前进行了充分的沟通与协调，明确了分工与角色。

（2）事先拟定了谈判的提纲，起草了我方的“战略合作框架协议”

为谈判做好了充分的准备，并且通过详细的讨论，把我方关注的问题及诉求在框架协议中得到了充分体现，目的是防止在谈判中挂一漏万，把事情做扎实。

（3）吸取以往教训

吸取由董事长单枪匹马应战，且容易随口许诺带来的后遗症，本次重要的谈判董事长不参加，通过电话联系或事后听汇报，避免谈判中可能出现的被动局面。

3. 谈判中的策略

(1) 求同存异

将双方董事长针对两家公司合作的整体要求写入框架协议，作为指导两家公司合作的总的指导思想，明确战略合作目标一致的情况下，双方的共同利益就在于不断地深化合作、密切配合，争取多拿项目，拿好项目。

本次谈判中求同存异策略的好处在于双方不是过分纠结于日常合作中的一些不和谐的细节问题上，而是从大局出发，从大处着手，高举合作共赢的大旗以争取在具体问题上的互相配合、互谅互让，以推进合作的顺利开展，提高合作的效率。

(2) 突出重点

针对严重影响双方以往合作的几个关键问题开展充分讨论，并明确解决的办法，只有这样放下包袱才能轻装上阵，否则，一直纠结这几个问题导致久拖不决，必然影响到合作的大局。例如，B 公司收到业主方支付的工程款后迟迟不向 A 公司支付的问题，明确了 B 公司必须在收到工程款的 30 日内做出相应的支付；关于汇率问题，B 公司必须按照其收到工程款当天的汇率，如果由于 B 公司的原因延迟支付的，按照有利于 A 公司的汇率计算。

通过这次合作谈判，从根本上理顺了双方的合作关系，解决了反复纠结的一些小问题，为双方今后的深度合作扫清了障碍。

附：战略合作框架协议

××建设集团

与

江苏××集团有限公司

战略合作框架协议

20××年××月

一、目的。鉴于双方此前多年的合作历史及其由此而建立起来的信任，以及今后仍有继续合作的愿望，为促进双方之间友好及持续稳定的业务合作，减少合作过程中的摩擦与纠纷，提供合作的效率与并不断改善合作的效果，改善双方之间的合作关系，双方本着以合作共赢的大局为重的原则拟订本战略合作框架协议，旨在就双方之间合作作出原则性、框架性的规定，对双方业已存在的合作业务及今后可能的业务合作提供指导，并受之约束。

二、合作的基本原则。求大同存小异，合作共赢，互谅互让，密切配合与支持。

三、优先权。双方一致同意，在同等条件下，互相选择对方作为业务合作伙伴。

四、优先适用。双方之间的所有协议、合同及其他达成的合意必须遵循本战略合作框架协议的原则性规定，不得与此有抵触、有冲突或者矛盾的地方，否则无效且要承担相应的违约责任。

五、担保。双方理解业务合作是双方之间公司行为、经济行为，存在一定的风险，双方承诺采取规范操作、严格管理并互相监管的方式不断降低风险，双方承诺不要求任何一方的公司及／或个人对公司的业务活动、经营行为提供各种形式的担保或变相的担保；否则，一方有权终止双方之间的一切合作，由提出要求对方个人担保的一方承担所有的损失与责任。

六、违约责任。双方一致同意，为严肃合同、规范操作，在合同中就双方的主要义务的履行平衡约定双方的违约责任如采取每日1%的延迟支付违约金方式，以督促双方严格按约履行。

七、监管。双方承诺就风险监管联合建立相应的监管机制，并在关切双方诉求的基础上不断完善风控机制。

八、工程款支付。涉及合同履行中工程款（及其他各种形式的进度款等)的支付,负责付款的一方应严格按照合同约定的时间、方式等及时、足额支付,否则应当按照每日 1% 的罚息支付违约金;合同中没有具体约定的,应在支付方收到发包方付款的 30 日内完成支付,否则应当按照已上市承担违约金。付款方不得以任何借口拖延支付。

九、汇率。双方一致确认如果按约定的时间足额支付工程款的,按照支付当日的汇率;如果延迟支付的,则按照有利于受款方的汇率由受款方选择确认。

十、会议纪要。双方同意对每次会议形成会议纪要,一式两份,由双方签字后各自存档。

十一、本协议一式八份,各份具有同等法律效力。

十二、本协议自 20×× 年 ×× 月 ×× 日生效,至 20×× 年 ×× 月 ×× 日终止。本协议届满前一个月内如果双方认为需要继续合作的,可以续签本协议。

示例 21:如何交涉拒绝支付网络平台的收费陷阱?

在美国,有一对华裔夫妇,平时信用卡账单都是由丈夫赵某负责处理的。原则上,不明确的收费项目,则需要双方共同确认,但这个流程一直没有很好地被执行。2020 年 3 月的一天妻子李某在仔细核对账单之时,结果发现:李某被一个隶属于主流社交网站的学习平台收费长达两年半。由于每月也就二三十美元,负责付账单的丈夫赵某一直都没发现。

当时,这个网站搞促销,有一个月的免费试用。试用结束之后,妻子李某觉得收费有点贵,当时又不是特别需要,就在主网站上停用了他家的服务,但谁知这家公司还有自己的网站,需要在这个网站上操作,停用才能生效。

如何挽回这部分不该支付的费用损失?如何与服务商交涉成了摆在李某眼前的一道难题。

我们先梳理几个原则：

（1）生活中很多事情除了有正常的标准以外都会有一些例外，特别是一些不是特别重要，或者不涉及原则的问题，因此，当决策者、判断者说出这个问题“原则上”或“按规定”应该怎么办时，往往意味着可能会有例外的情况。

多问一句只会多花30秒钟，但很多时候，会问出意料之外的信息。需要注意的是，如果是面对面的沟通，最好不要当众询问例外，这是为了不给对方压力，从而更容易得到有价值的回答。

比如，你的电脑在刚过12个月保修期的时候坏了，去店里询问时，可以把店员拉到一边，小声询问。在一些私人的小店里退东西，也是这个原则。

（2）提问而不是陈述。提问往往比陈述更有力。问问题，让对方自己思考得到答案，比直接陈述，更有说服力。

（3）引用对方的标准。基本上所有公司都有公开的公司使命和核心价值观，表达一般都官冕堂皇。面向终端消费者的公司，更是会把客户第一挂在嘴边。这时候，作为客户进行投诉就可以援引公司的标准，比如说：你们公司的使命不是客户第一吗？

（4）注意说辞。措辞注意控制情绪，争对错没有意义，就事论事，千万不要情绪化，重要的是谈判的目的是否达成。

尽量用正面的表达方式，比如，与其说“我觉得你们不配合”，不如说：“怎么才能让我们配合得更好？”

这个表达的方式的转换，显示了谈话方积极推进的主观意愿，也让对方更容易接受，从而有效避免陷入对吼比赛的谈判窘境。

最后，很重要的一点是有谈判意识。在谈判之前做充分的准备。

看看李某是如何开始谈判的：

李某就在当天打电话给这家公司美国总部的客服，被告知，他们的规定是对于所有的订阅费用，一概不退。但为了表示礼遇，可以退李某3个月的钱。李某当即表示这个结果不能接受，请求客服申诉到下一级计费部门。很快答复来了，还是只能退3个月。

李某复盘了一下谈判的注意事项，掂量了一下手里的筹码，写了个提纲，周一早上又打电话过去。以下是谈判要点：

(1)用提问的方式，让公司意识到自己的管理疏漏。

李某问公司，是否能看到自己的使用记录，为什么在长达两年的时间里没有发个邮件提醒用户？比如，你好久不来我们的网站了，这些新服务你是否感兴趣?

这家公司已经被另一家主流社交网站收购了，但收购方曾经试图卖给李某类似的服务，难道你们不是同一家公司，给客户提供一致的服务?

(2)询问是否有例外情况。得到的答案是“case by case”，也就是看情况。这是个好消息，意味着很有可能有不少例外。

(3)引用公司自己“客户第一”标准。李某提到，自己喜欢公司的服务，很有可能会再次购买。李某希望公司能履行自己客户第一的承诺，提供最好的客户服务。

最后，李某表示理解客服工作的不易，希望她能帮李某，向上一级转达李某的诉求。

两个电话，得到了一年半的退款

一个星期以后的一个中午，李某收到了一个邮件和一年半的退款通知，邮件告知，一年半已经是公司收费系统退款的上限。虽然没有要回所有的钱，这个结果李某已经很满意了。

最后提醒一点，李某这个案例貌似是零和博弈，但事实上大多数谈判都可以追求双赢，关键在于找到对双方价值不同的东西。对于你来说没什么用的东西，对于对方来说可能价值连城。找到这一点，就有机会实现双赢。

第4讲

律师自身的业务谈判

律师为了开拓业务，需要开展多种形式的谈判，谈判对象也各异。每个律师、律师团队，甚至每一个律所，都是一个完整的有机整体，既要从事律师业务的开拓、营销，又要研究案例、论文，撰写各种法律文书、出庭，在这个过程中，不可避免地需要跟潜在客户、营销合作伙伴、合作律师、委托人、对方当事人及其委托律师、政府相关部门、法官等各种主体进行谈判、沟通、交涉。所以说，律师自身在开展业务的过程中需要面对各种各样的谈判。

第4讲 律师自身的业务谈判

律师自身业务谈判

根据《律师法》第2条之规定："本法所称律师，是指依法取得律师执业证书，接受委托或者指定，为客户提供法律服务的执业人员。"所以，律师的定位是依据法律法规为客户提供法律服务的执业人员。律师通过为自然人、法人及其他社会团体、组织提供法律服务来获得业务收入和自身的发展，属于高端服务业，跟其他的中介服务机构一样，律师也需要通过营销来获得客户的认可，取得客户的委托为其办理法律事务。

律师为了开拓业务，需要开展多种形式的谈判，谈判对象也各异。每个律师、律师团队，甚至每一个律所，都是一个完整的有机整体，既要从事律师业务的开拓、营销，又要研究案例、论文，撰写各种法律文书、出庭，在这个过程中，不可避免地需要跟潜在客户、营销合作伙伴、合作律师、委托人、对方当事人及其委托律师、政府相关部门、法官等各种主体进行谈判、沟通、交涉。所以说，律师自身在开展业务的过程中需要面对各种各样的谈判。

◎ 律师自身业务谈判流程

笔者在从事多年的律师生涯中，总结、梳理了一般情况下的律师自身业务谈判流程，供参考（见表 6）。

表 6　律师自身业务谈判流程

步骤	阶段	洽谈及工作内容	注意事项
1	电话初步沟通	了解业务基本情况、背景、对方身份、企业名称及概括、所在地、基本诉求、意图等	了解基本情况，为分析案情铺垫
2	第一次面谈	熟悉案情，分析案情：要求其携带证据材料（尤其是合同及履约证据）、案情介绍、基本诉求、可能的风险分析、准备好 3~5 个问题	初步厘清可能的办案思路及可搜集的支持证据
3	熟悉证据	研读相关证据材料、判例、司法解释、归纳出争议焦点、办案思路、补充证据清单、案件利弊分析意见	确定办案思路、办案方案，为提起诉讼做准备
4	第二次面谈	（1）报价：一般提供 2~3 种报价方案供第三人； （2）选择：风险代理或普通代理；计费方式为按标的额计费或计时收费。并充分说明收费标准的依据及理由	收费的原则是“适中的价格，优质的服务”
5	洽谈并签署委托代理协议	（1）明确代理的范围，如非诉业务应当明确具体做哪些工作？ （2）如果一方解除委托，会产生什么样的法律后果？ （3）关于证据原件交接、风险代理的成功标准、非诉业务律师的损失赔偿办法等	应当充分预计可能产生的法律风险，以及委托过程中发生变更的处理办法

◎ 律师如何设计自身业务谈判方案

业务谈判方案是指在开始业务谈判之前，根据事先掌握的关于业务谈判的主题、对手、目的、业务背景及概况等相关信息，对业务谈判的总体目标及分步目标、步骤、阶段性工作安排、洽谈的具体内容和过程、谈判策略与技巧等事项做出具体安排和布置的文字策划材料。

律师关于自身业务谈判设计方案时，应当重点关注以下事项：

（1）注重对客户信息及案源信息的全面搜集和分析对比；

（2）案情分析，突出办案思路的可行性和可选择性；

（3）报价既要考虑接案的成功率，又要考虑案件难度、项目的工作量等因素的匹配，同时，还要考虑与律师同行报价相比的竞争力。

曾经有一位执业超过20年的资深律师跟笔者说过，做律师这么多年，心态始终处于一种焦虑状态，因为，律师有“三急”。

一急没有案源。律师事务所是一个律师执业的平台，每一位独立执业的律师都是依靠自己的业务提成获得收入的，没有人会给发工资。所以，律师如果连续几周，甚至连续几个月没有案源，就意味着只能坐吃山空了，所以，每一位律师都面临案源和生存的巨大压力。

二急案源谈不下来。有了案源线索，或者当事人通过各种渠道上门前来洽谈代理事宜，也是每位律师必须面对的一大挑战。国家发展改革委员会《关于放开部分服务价格意见的通知》（发改价格[2014]2755号）规定：“……（四）律师服务（刑事案件辩护和部分民事诉讼、行政诉讼、国家赔偿案件代理除外）。除律师事务所和基层法律服务机构（包括乡镇、街道法律服务所）提供的下列律师服务收费实行政府指导价外，其他律师服务收费实行市场调节价。”该通知已经明确放开了大部分的律师收费，由各个律师事务所根据本所情况自己制定收费标准，报司法行政机关备案后施行，这样一来各省、各地及各所的律师就不再有一个统一的律师收费标准，而每个律师事务所制定的律师收费标准也是千差万别。对于律师来说，这既是好事，也是坏事。好处在于律师事务所有了更大的收费标准自主决定权，坏处在于对于当事人来说律所自己制定的收费标准还是缺少了一些公信力，让第三人有点无所适从，甚至有当事人会拿着不同律师事务所的不同收费标准进行讨价还价。

案源谈判的核心问题是报价问题。律师费报价一般都会有一定的范围，而且实行的是指导价，当事人完全可以参照这个标准上下浮动。但对于律师来说，报价是一把“双刃剑”。报价高了，当事人的案源会跑掉，去了其他律所的律师那里；报价太低了，与自己付出的劳动、努力和辛苦完全不相称，做起事来会一边做，一边抱怨后悔，所以，如何报出一个合适的价格是每一位律师都必须深入思考和面对的问题。笔者的建议是从以下几个因素来综合考虑：

（1）本所的律师收费标准。目前，律师行业竞争激烈，在律师业务及收费深受影响的情况下，还是建议根据自己的专业化水平、行业影响力及对客户的判断，按照律所收费标准的适中比例来报价比较合适。

（2）要考虑前期跟当事人接触时提供法律咨询、案件分析的效果。通过前期咨询和案例分析，当事人会对律师的专业水平、态度、责任心等形成一个比较全面的认识和判断，在跟当事人接触和交流中也可以判断出他们对律师的信任度以及依赖度。

（3）另外一些因素，如律师在行业内的影响力、评价、口碑、对案件解决的其他资源、因素、对案件胜败的概率判断、与其他律师的法律分析及报价方案的比较等，以及可替代性等，都会影响到报价的成功率。

（4）一般来说，律师费报价与还价之间空间并不大，不像在市场上买东西那样动辄可以砍价 30%、50%。所以，如果律师希望成交的心理价位是 5 万元，一般也就在此基础上适当报高 10%~20% 即可，这样显得比较实在。

三急案件接下来后怎么办。如何才能让当事人对律师的服务满意，尤其是对办案的结果满意，更是律师一直要考虑和担心的问题。不管是采取普通收费还是风险代理，绝大部分律师还是会在接案后本着高度的责任心、勤勉尽责的精神尽心尽力地去办理的。但每位律师的专业水平和能力不同，可以调动的社会资源有限，如果案件办不好，也会招致当事人的负面评价。所以，接了案件固然可喜，下面如何办理好案件，争取当事人满意的结果又会面临很多问题。案件最终胜诉了还好办，而一旦案件败诉，必须接受当事人在很多方面“鸡蛋里挑骨头”似的审查，轻则抱怨、否定评价的到处传播，重则投诉、退费，甚至要求赔偿损失。

笔者从事律师工作多年，几乎可以说每位律师都是这么一步一步过来的，这也铸就了大部分律师坚韧不拔的精神和毅力。

以下，我们再就律师的业务营销谈判和接案谈判做一个深入的分析。

律师业务营销谈判

所谓律师的营销，是指律师通过各种方式，包括但不限于杂志、电视、广播、互联网、微信、自媒体、抖音等，或者参加各种专业活动、讲课、论坛、发表论文、出版专著等方式和途径，向广大潜在的有法律服务需求的客户推销自身、法律服务及其产品、律师团队及律所的专业知识和经验、解决问题的能力和水平，以期获得客户的认可和委托为其提供法律服务，从而获得律师业务和律师费收入。而以下所称的律师业务营销谈判是指在律师获得客户业务接洽面谈机会时进行的面对面的营销谈判。

无论是刚出道的年轻律师，还是历经多年磨炼的资深律师，在接受客户正式委托前都会面临最后的营销谈判，营销谈判就好比是足球比赛时的临门一脚，在经过各种外围营销以后，终于获得了最后就是否能达成委托协议的面谈机会，对于每个律师来说都是最终的一环，也是律师正式获得业务的关键节点，所以，值得律师高度重视。营销谈判的目的：一是为了获得客户对律师专业水平和能力的认可；二是为了获得客户对律师的信任，这种信任是综合性的，包括对律师人品、职业道德、诚信度、律师个人品牌及律所品牌的认可等。说到底，就是获得客户的全面认可，能让客户放心地把企业的法律服务或者某个具体要处理的问题交给律师。

由于律师提供法律服务跟其他行业不同，有着自身的特点，因此，律师行业的营销又有着与其他行业营销的不同之处。从律师业务分类角度，大致有诉讼、非诉讼项目及法律顾问三类，每种业务的营销特点也有所不同，特别是体现在具体的营销谈判上。

营销谈判跟具体的接案谈判不同。营销谈判主要是为了获得客户的认可，特别是让客户对你的水平有充分的认识，对你的职业诚信度产生充分的信任，这样才能保证将来客户一旦有法律服务的需求能第一时间想到你。随着律师队伍的不断扩展，律师行业从业人数的不断增加，律师获取客户及业务的竞争也变得越来越激烈，对于律师提出了更高的要求，比如律师的专业能力，律师对于本行业的深入了解，律师团队协作。

因此，为了达到以上律师营销的目的，营销谈判应当展现律师的以下几个方面的特点：

1. 专业态度和敬业精神

对于当事人所涉及的法律问题的重视程度，这对于一个希望找到一位值得信赖和依靠的律师的当事人来说很重要。律师如果表现得很随意，显得漫不经心，没有给予足够的重视，谈了几分钟就去忙其他事情，或者让助理随便应付一下，当事人就会觉得这样的律师根本不负责任，即使水平再高也靠不住，接案的可能性就很小了。

2. 专业性及解决问题的能力

这是律师营销谈判最基本的要求。客户遭遇法律纠纷找律师提供法律服务，往往需要花费不小的开支，目的就是需要律师专业的知识和经验帮其解决问题，只有获得客户对你专业水平和能力的信任，才有可能接到客户的委托，此时，客户会对你产生全方位的信任和依赖，所以，律师首先要用你的专业水平和解决问题的能力去征服你的客户，对问题进行专业性的分析，解答他所有的疑问。对于一些重大、疑难、复杂的法律业务或纠纷，客户往往会咨询多家律师事务所的律师，以期获得不同的专业意见进行比较、鉴别，找到性价比最合适的律师。

3. 辨识度

由于律师行业竞争激烈，受到生存的压力，很多年轻的律师在营销方面比资深的律师更积极主动，但要想获得更多客户的首肯和选择，必须体现你的辨识度。决定一个律师的辨识度有很多方面的因素，如律所的品牌、你的专业特色、你分析问题和解决问题的能力、你的讲课水平、你的专著、行业荣誉、社会任职等，辨识度就是一张名片、一个品牌，让客户一下子能记住你，遇事一下子能想起你。

企业提供的产品或服务因为良好的辨识度而成为众多消费者的首选，就像“全聚德烤鸭店”，由于其烤鸭的特色而有很高的辨识度，而“海底捞”则是以其良好的服务而独树一帜，对于律师服务也是一样。

4. 差异化

差异化来源于比较，没有比较就没有差异化。而差异化可以是你与其他律师从事的不同的业务领域、细分特色，你的专业化水平，也可以是你高水平的法律文书特色，你拥有除了律师证以外其他的证书（当然，这种证书必须是与律师业务有关联、能帮助你在为客户提供法律服务的同时还能提供其他的增值服务的，如注册会计师、注册税务师等），或者你有高水平的外语能力，还有你的口才、你的思辨能力，说到底，你的差异化成为你与其他律师相比独一无二的特色和专长，从这个角度看，差异化也能增加律师的辨识度。

5. 诚信度

有一句律师常说的名言“受人之托，忠人之事”，这既是对律师执业道德的一种要求，也是对客户的一种承诺。作为一个为社会提供法律服务的职业，诚信显得尤为重要，只有诚信，才能更好地为客户提供好的服务，只有诚信才能让客户对你产生信赖并愿意委托。

由于律师业务的特殊性，并且受到法律有关规定的约束，律师无法像推销产品一样直接向客户推销服务，并且不得承诺包打官司、包赢官司，所以，律师的营销更多的是一种律所或律师个人的品牌营销、影响力营销，目的是获得客户充分认可，认可你的能力、人品，以获得客户信任度的不断提升。比如，对于客户咨询的一些疑难、复杂的案件，如果没有把握当场作出准确的答复，就必须给自己留有时间，推迟 1~2 天再给客户答复，以便尽快熟悉案情、研究类似判例、查找相关的法律规定，做到心中有数后再接待客户当面的咨询，只有做好充分的准备才能保证答复法律咨询的质量，以确保给客户留下深刻的专业印象。

律师接案谈判

营销的目的就是接案，有了案源，律师才有用武之地，才能得到锻炼，同时也能获得律师费收入，所以，第二步也是最重要的一步就是接案谈判（见图 3）。

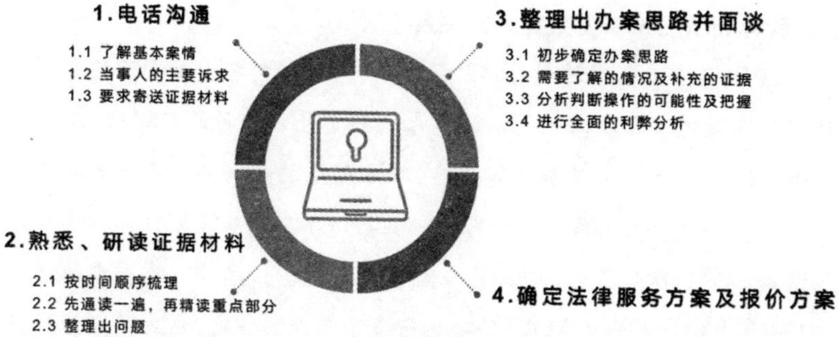

图 3　接案谈判的操作流程

经验丰富的律师主要体现在这个环节，经过许多营销工作才能最终获得案源信息、得到客户上门洽谈案源代理的机会。

接案谈判也是很多年轻律师，或者入行不久的律师最觉困惑的环节。而给委托人报价一直是律师两难的选择，报高了很可能失掉客户和案源，报低了又可能与自己付出的劳动完全不相匹配，因为无法获知同行报价的比较，往往报价起来不知深浅，未能准确把握客户心理，不能很好地把握应在什么阶段谈价？如何合理地开价？

每个资深的律师在报价时都会根据自己多年的谈判经验综合考虑报价的原则和方法，如不在一开始客户询问时就报价，不接受电话报价，免得客户只是简单地比较价格，这样容易陷入简单的价格竞争而错失了让客户了解自己专业水平的机会。

前面提到，在国家发改委放开了律师收费且不再有统一标准以后，各个律所都出台了千差万别的收费标准，遵循合适的性价比，客观地衡量我们究竟可以为当事人创造多少价值或者挽回多少损失，应该是确定律师费一个客观且容易为当事人接受的标准。

示例 1: 充分准备下敲定委托关系

2019 年年末笔者的合作律师接到了一件案子，是一家南京的企业在澳门从事地铁工程施工完工后迟迟未收到总包方支付的工程款，总计有 9000 多万，总包方是日本三菱公司，双方约定的争议解决条款是在香港地区国际仲裁中心仲裁。当时客户一共接触了三家香港地区律所的律师团队和我们的律师团队，经过第一轮的接触、谈判，其中一家香港地区律师团队（我们称之为 A 团队）给他们留下了深刻的印象，成功的可能性极大，从各种途径反馈过来的消息，我们获知了他们成功的几个要点：

（1）A 团队是一个北京律师和香港地区建设工程方面的专业律师联合体，是一个强强联合的团队，该北京律师是案源的信息来源，也是一级建造师、贸仲仲裁员，是建设工程领域资深的专业律师。

（2）A 团队准备彩页的团队介绍，其中，其多个在香港地区和北京仲裁的建设工程方面的成功案例介绍颇吸引眼球，给客户留下了深刻的印象。

（3）灵活收费方式且合理的报价。大多数企业往往比较喜欢风险代理的律师收费模式，这样即使不成功也没有成本，但由于在香港地区风险代理是一种违法行为，所以香港地区的律所及律师不接受风险代理，只能接受单一的计时收费模式。而 A 团队有着横跨中港的合作律师，收费方式可以灵活地接受按比例收费、计时收费、风险代理或者混合模式，显然这种灵活的收费模式给了客户多种的选择，相比其他香港地区律所单一的计时收费模式更受欢迎。

再看另外两家香港地区律所的律师报价：一家时薪为每小时 6000 港元，另一家为每小时 3500 港元，而 A 团队即使在有着以上诸多明显优势时在计时收费的报价上也仅为每小时 2500 港元，极具竞争力。

（4）趁热打铁，及时回访。在第一轮的接洽中，A 团队赢得了多方面的高分，南京的客户已基本确定委托A团队了，在此情况下，A团队又在半个月后由团队全体律师及时来南京作了回访，会见了公司的全体领导，详细解释了他们的办案思路和方案，进一步加深了印象，得到了公司领导们的充分肯定，也最终彻底敲定了委托关系。

从以上案例分析，我们可以看出，A团队之所以成功赢得这次案源，一方面他们的接案程序、资料、配合分工准备得很周到、充分，另一方面报价既灵活又合理，有很多值得参考的地方。

综上所述，我们总结了一下，一个成功的接案谈判应着重做好以下几点（见图4）。

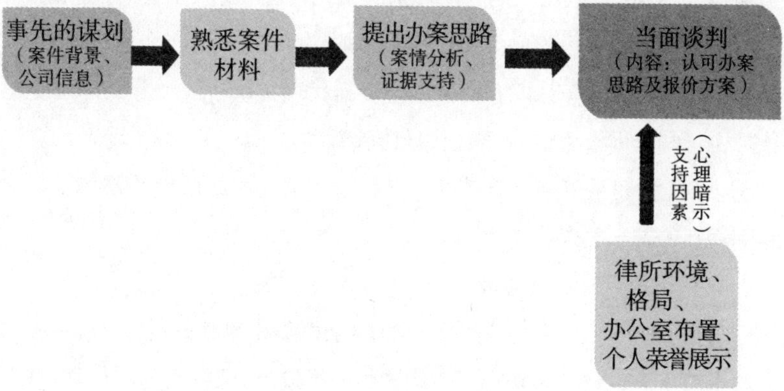

图4　接案谈判流程

（1）事先要有很好的谋划，如针对性的宣传资料的准备、案情的初步掌握、报价方式、提出问题、了解客户诉求等，应突出类似的成功案例。

（2）应充分评估可能的竞争对手及其可能的方案，评估成功获取案源的难点所在。

（3）明确我方与其他竞争对手相比的竞争力所在及亮点，如专业性、案情分析、收费适中且灵活的报价等。

（4）其他因素也是需要考虑和准备的，律所的环境、规模，办公室的布置、个人的专业荣誉展示等。

委托代理协议的谈判及签订

接案谈判成功了，基本大功告成了，但还有最后一步就是“委托代理协议”的谈判及签订。

我们很多律师一般都特别重视接案谈判，如何将案件成功地接下来是最重要的问题，但在长期的律师生涯中，律师与客户产生矛盾、争议甚至给律师带来法律风险的情形往往跟律师与客户签署的“委托代理协议”的具体内容、条款有着极大的关系。委托代理协议一般又分为诉讼委托代理协议和非诉讼（项目）委托代理协议两种。

下面，我们来审视一下委托代理协议中关乎律师风险需要在谈判中特别注意的若干要点：

1. 关于特别授权的确认

律师都知道，如果当事人不出庭而全权委托律师的话，我们一般都会要求当事人在授权委托书上明确律师的授权为：全权委托 + 特别授权，而特别授权主要是指涉及一些实体权利的处理方面的授权，如达成和解、同意调解方案等，但一些当事人往往在事后由于各种原因反悔了，就会拿律师做挡箭牌，说当时没有同意这样的和解或调解方案，在笔者律所就发生过这样的案例，重要的是我们应该从中吸取教训，除了授权委托书，也应该在委托代理协议中予以明确，以防当事人的出尔反尔，如明确约定“除非有相反约定，律师出庭时的授权包括了全权委托加上特别授权”。

2. 关于证据原件的规定

诉讼中律师的一个重大的法律风险就是证据原件。有些律师为了省事，一开始就让当事人提交全部的证据原件，也没办理交接手续，一旦不再委托或庭审时缺少了某个重要的证据原件，就会成为双方争执、互相埋怨及推卸责任的症结所在。所以，建议律师在委托代理协议中明确："本所律师一律不接受证据原件，当事人必须本人携带证据原件出庭接受质证；律师确实需要接受当事人证据原件的，双方必须办理好接收手续，明确接受证据的时间、地点、名称、页数等内容，一式两份，双方各执一份，否则，视为本所律师没有收到当事人的证据原件。"

3. 关于非诉委托协议中服务内容的明确

很多律师在非诉委托协议中对于律师的服务内容往往做一个笼统的规定，如"根据甲方的委托，为甲方办理股权收购的法律服务"，殊不知往往最简单、最笼统而没有量化的约定往往也会成为双方争议的焦点，所以我们主张律师应当对于项目法律服务中的工作内容具体化，分解到每个步骤、每个阶段的工作，这样，一旦将来产生争议，律师的工作有据可查，律师只需要对每一个具体的工作负责，涉及律师费的衡量也比较方便；否则，甲方会要求律师增加很多额外的工作，而且也很容易成为要求律师承担风险的借口。

如与客户签订"关于尽职调查的委托代理协议"时，会明确如下：

（1）根据甲方的委托和双方确定的法律尽职调查清单，对 ×× 企业开展法律尽职调查，并出具尽职调查报告；

（2）在从事尽职调查过程中遇到障碍或者需要尽调对象配合的，乙方可以要求甲方予以协调解决，甲方应当及时予以解决，因此而造成尽职调查工作延误的，乙方不承担责任；

（3）乙方有义务解答甲方关于本次法律尽职调查中所涉及的法律咨询；

(4)根据甲方要求，乙方应当就本次法律尽职调查中所发现的重大法律风险向甲方做出书面提示，并提供律师的建设性意见与建议；

(5)其他根据甲方要求、双方协商一致的与本次法律尽职调查相关的工作。

4. 成本承担

从事非诉项目法律服务过程中，可能涉及政府部门材料的调取、复制的费用、鉴定费、交通费、本地或者外地的差旅费(含住宿费等)及每日的误餐补贴等费用，如果需要到外地出差或工作时间较长，则是较大的一笔费用，应当在委托代理协议中明确，以免日后产生争议。

5. 律师费支付方式及支付时间

通过接案谈判，明确了双方的合作意愿，同时也会基本谈定了律师费标准，但具体到签订委托代理协议时还要涉及律师费的支付方式，如一次性支付还是分期支付？以什么作为律师支付的时间节点？是办案前支付还是工作完成后支付？支付的比例是多少？工作完成的标志是什么？等等，需要在协议中作进一步的细化，才能确保达成一份完善的委托代理协议，从而也解决律师提供法律服务的后顾之忧。

6. 解除合同及退费、拒付律师费

在笔者从事律所业务管理的过程中，经常遇到当事人提出解除合同或退费的要求，如果双方签了委托代理协议但律师并没有开始提供法律服务，或者仅仅做了少量的前期工作，此时，如果当事人想要解除合同并退费，对于律师来说没有多大损失，但有些当事人在律师提供完法律服务后仍提出要求律师退费，需要引起我们的反思。经过总结和分析，一般存在以下几种情况：

(1)认为律师没做什么工作，要求退费

笔者律所里曾经接待过一位当事人，她委托一位律师代理诉讼，但该律师在开庭时基本没怎么说话，当事人认为聘请律师就是在庭上帮当事人说话的，如果没怎么说话，即使案子赢了也不是律师的功劳，跟律师没关系，所以要求退费。

（2）对办理结果不满意，要求退费

有的当事人认为请律师就是为了帮我打赢官司的，打不赢就应该全额退费，甚至还要求律师赔偿损失。这种情形是对法律、对律师的工作存在误解，或是因为不懂法而存在不切实际的预期，再或者就是无理取闹，对律师的工作不尊重。

（3）风险代理后拒付律师费

现在的风险代理对于律师来说风险也是越来越大，律师在签约后认真地帮当事人维权，尽心尽力地争取合法的利益，但一旦案件胜诉了又往往会面临当事人赖账的尴尬。

☞示例 2：收取律师费的现实风险

湖南的某律师接受一家国企 A 的委托，向另外一家国企 B 追讨巨额的欠款。当时，国企 A 的领导经研究认为国企 B 财务状况很差，破产已不可避免，巨额欠款收回的可能性很小，所以不想支付高额的律师费，要求跟律师签订风险代理委托协议，甚至要求律师出高达数百万的法院诉讼费。律师经过研究又通过前期的调查，发现国企 B 还有一些隐瞒的资产可供执行，即使破产了仍有可能收回大部分的欠款，遂与国企 A 签订了风险代理的委托协议。律师在签约后即开展工作，通过长达数年大量艰苦的工作，垫付了 400 多万元的诉讼费、差旅费等费用，陆续帮国企 A 追回了大部分的欠款，但在要求国企 A 依据双方的委托协议支付律师费时，却遭到了国企 A 的拒绝，理由居然是国企 A 和国企 B 都是国企，欠款要回要不回都属于国家资产，不能便宜了个体户律师，真是令人气愤之极！同时，也对律师签订风险代理的委托协议提出了警示，当事人的风险最终真的有可能演变成收取律师费的风险。

7. 律师承担风险及赔偿损失

既然是委托协议，根据《民法典》第 929 条规定："有偿的委托合同，因受托人的过错给委托人造成损失的，委托人可以请求赔偿损失。"因此，律师从事法律服务也是存在一定的风险的，这种风险又可以分为诉讼委托风险和非诉项目委托风险。

在诉讼委托中，根据笔者多年的案例研究，律师风险主要产生于一些低级错误，如丢失当事人的证据原件、特别授权不明、未及时向当事人转交法律文书或者未及时提醒当事人上诉而导致错过上诉期等，解决这些问题需要律师工作中高度的责任心。但在非诉业务中，律师的风险更大。如并购项目，标的额动辄几千万元、数亿元，但律师费仅为区区二三十万元，一旦律师服务出错而要承担责任的话，赔偿整个律所都不够，虽然法院也会根据律所所收律师费的多少等实际情况来认定律师承担损失的数额，但显然收获与风险的承担完全不匹配，这就要求我们在签订"非诉委托代理协议"时予以充分的关注。

☞示例 3：律师从事非诉业务的风险

笔者在 2020 年年初为一家镇江的国企提供尽职调查的法律服务时，客户法务部明确提出了委托协议上要加上律师提供法律服务给甲方造成损失应当予以赔偿的约定，正好提醒了笔者如何约定律师风险承担的问题，为此，笔者明确要求修改为"乙方律师仅在存在故意或重大过错时承担赔偿责任，并且首先在律所购买的保险范围内予以赔偿，不足部分，再由律师负责赔偿，但不得超过所收律师费的二倍"。这样，将律师所承担的赔偿责任规定在一个可控的范围内。在谈判和交涉过程中，笔者分别从以下几个方面成功说服了甲方：

（1）鉴于以往的合作，甲方对我方的工作是满意的，双方存在良好的合作历史，所以，甲方在以往合同以外要求乙方承担的额外的工作乙方都圆满地完成了，而且在律师费没有增加的情况下，本次委托协议中甲方增加了“乙方协助甲方起草并购的相关协议”等内容，考虑到双方的友好合作，乙方也接受了。因此，谈判存在较好的基础。

（2）本次企业并购数额达到了四五千万元，相较于不到十万元的律师费来说，风险和收益完全不成比例。如果我们收取的律师费是按照收购金额的一定比例如10%~20%，这样让律师承担如此大的风险才显合理。

（3）法律风险与商业风险混合。企业并购涉及方方面面的问题，也包含了多种风险，有财务风险、法律风险、商业风险等等，很多都与法律风险相关联或混合，如果都由律师来承担，对于律师来说也是显失公平的。

（4）水平自信。由于前几次的合作甲方比较满意，笔者撰写的专著《法律尽职调查完全手册》也是2017年法律出版社最畅销的尽职调查的专著之一，获得了当年两个畅销奖项，而且笔者每年都为南京市实习律师正式执业提供法律尽职调查方面的培训，对于自己的尽职调查水平及问题解决能力有着充分的自信，也保证了交涉与谈判的成功。

（5）案例类比。最后，笔者也搜集了一些律师、公证机构承担责任的判例，一般都是按照其收费的一定倍数来赔偿损失的，这也是中介机构行业的惯例。

通过以上谈判，最终让甲方接受我们建议的条款，从而也使律师从事非诉法律业务的风险降低到一个可控的范围内，但同时，作为律师，我们还是要以良好的职业道德，勤勉尽责地为当事人做好法律服务，以最大限度地维护当事人的利益，这样才能为律师赢得口碑，赢得尊重。

处理与当事人的纠纷谈判

律师虽然是负责接受当事人的委托，帮助其处理与其他人之间的矛盾与纷争的，但律师与自己的当事人之间有时也会因为各种原因产生争议。如前文中提到的因为当事人对律师提供的法律服务不满意、对诉讼判决结果不满意会产生矛盾、要求退费，双方会因为工作中的沟通问题、态度问题以及互相配合等问题产生矛盾而导致要求解除委托等，所以，如何处理跟自己的当事人之间的矛盾与纠纷也需要很好的沟通、交涉甚至是谈判，如果处理不好，直接影响到律师的执业生涯和律所的荣誉。笔者在律所内就接待、处理过多起当事人投诉、要求退费的纠纷，要想妥善处理好当事人的投诉，沟通及谈判的技巧很重要，现总结以下要点：

1. 应当全面了解当事人投诉的缘由

如果是因为对案件处理结果不满意，则可以从分析案情入手；如果是因为当事人态度不好，则可以看案件处理结果如何；总之，在全面了解案情及当事人投诉的缘由的同时，肯定我们的律师做得好的地方，对律师做得不到位的地方诚恳地向当事人道歉。

2. 可以考虑从法律和情感两个方面说服当事人

（1）法律上：分析我们的律师已经做到位了，符合法律及双方委托协议的要求。

（2）情感上：如果当事人败诉，本身就会对律师有怨气，如果律师在与其交涉过程中态度不好，往往会激化矛盾，此时，作为矛盾的调停者，首先，我们应当要求律师主动安抚当事人；其次，表达对其遭遇的同情，并设身处地地为其提供进一步维权的建议，主要以疏导为主，缓和矛盾。

如果发现律师确实有做得不符合合同要求或者明显存在过错之处，就要考虑说服律师同意退费以息事宁人。

总之，律师在接受委托为当事人办理业务过程中，应从以下几个方面把握好与当事人的关系：

（1）完善好双方的委托代理协议，协议条款应明确、具体，并且具有可操作性。

（2）保持及时的信息沟通与反馈，主动向当事人报告案件处理进展情况，设身处地为当事人着想。

（3）同时，要果断拒绝当事人不合理甚至是违法的要求，不给当事人留下违法操作的把柄与证据。

（4）如果自己无法处理时，应及时请求律所负责人介入。

（5）当矛盾激化，甚至需要诉诸诉讼方式解决时，应当充分评估由此可能给律师及律所带来的不利影响。

第5讲

各种商务谈判策略

一个理性且经验丰富的律师在谈判中可以很好地从法律风险及后果预测方面来评估谈判的走向、结果，更好地把握全局，把控谈判的节奏与步骤，而且处理诉讼的经验又能帮助律师在纷繁复杂的情况中迅速理出头绪，把握事情的关键、主次，有利于引导事情向着不断明朗和有利于委托人的方向发展。

第5讲 各种商务谈判策略

律师参与谈判的优势

律师作为法律服务的提供者，其最大的优势就是在于熟悉法律法规的相应规定，并且具有诉讼及非诉讼法律服务方面的经验，能够预测、明确法律风险的边界所在。因此，一个理性且经验丰富的律师在谈判中可以很好地从法律风险及后果预测方面来评估谈判的走向、结果，更好地把握全局，把控谈判的节奏与步骤，而且处理诉讼的经验又能帮助律师在纷繁复杂的情况中迅速理出头绪，把握事情的关键、主次，有利于引导事情向着不断明朗和有利于委托人的方向发展。

尤其在北上广深等特大城市的商业谈判场合，往往都少不了中外律师的身影，那么，律师在商务谈判中担当着怎样的角色，为什么企业在商务谈判中会有律师的参与呢？律师参与商务谈判又有哪些优势及作用呢？

◎ 律师可以作为舵手

即便是久经沙场的企业家，对法律的了解和掌握程度仍然不可能与一个成熟的、经验丰富的民商事律师相提并论。律师参与商务谈判，有助于帮助企业家如何对待项目的实质性风险与细节性风险，明确谈判时哪些问题可以让步、哪些不能让步，从法律上提供专业的参考意见与建议；可以了解交易过程中哪个环节容易出问题，应当如何进行流程控制来预防风险；能够清楚对方的要求当中哪些属于陷阱；等等。

诚然，聘请律师有时候费用甚至相当高昂，但与后期可能出现的法律风险所造成的动辄几百万元、上千万元的损失来看，确实是九牛一毛。律师参与商务谈判，也是社会专业化分工的必然结果。所以，在聘请律师参与谈判的成本与承受法律风险这二者之间，企业家应当综合判断与考量后做出理性的选择。在这方面，作为一个从业 20 多年的资深律师，在委托人前来咨询案件时，笔者经常会发出这样的感慨："为什么当初这么重要的合同谈判没有律师参加呢？""这是一个显而易见的低级法律错误啊！"委托人在事后也是悔不当初。

◎ 律师可以帮助委托人设计谈判方案

重要的谈判一般应当提前设计谈判的方案，谈判方案的设计对于谈判主动权的掌握、公司内部之间沟通信息、谈判方向的把握、谈判中突发事件的应对以及最终谈判目的的实现都起到至关重要的作用。

正式的谈判应当在谈判开始前设计切实可行的谈判方案，谈判方案的设计水平、信息的完整度等都会对谈判起到积极的促进作用，帮助谈判取得良好的效果。

正式的谈判方案一般包括以下几个部分，例如：

1. 标题

如“关于在某地区投资设厂并争取政府招商引资优惠政策的谈判方案”“关于并购某企业 100% 股权的谈判方案”等。

2. 正文

（1）背景介绍：就交易背景、谈判的具体项目、行业背景等的介绍，围绕谈判主题搜集有关的背景信息。

（2）谈判对手的有关情况：谈判对手的基本情况介绍、对方谈判团队的组成成员介绍、性格特点、谈判风格等。

（3）谈判双方所涉及的项目、商品需求量、市场供求情况、价格情况等问题：本次交易所涉及的具体项目、供需情况、市场价格水平及其变化趋势、替代性货源等。

（4）己方的意见、态度及做法：己方单位领导对本次谈判的定位、任务和使命、态度、要求、关切等。

（5）双方的共同点、争议点：理性推断、分析双方在本次谈判中可能的共同点、分歧点、争夺的焦点问题等，并拟定对应的策略；己方参与谈判的意图、目标、底线、可能的让步范围及让步策略等。

（6）难度较大的谈判，要对谈判对手的意图、心理作出分析，明确对策；可能会出现的问题，应变措施，让步限度；结尾语，一般用“以上意见当否，请 ×× 批示”。

3. 附件

附件是在谈判开始前已获得的与本次谈判有关的一些材料、证据、文件等，包括跟本次谈判有关的、已查证属实的文件材料、原件或复制件、本次谈判的依据或基础；目的是在谈判前尽可能地了解对手的情况，以便做好尽可能充分的准备，以不变应万变。

4. 落款

落款一般由参与谈判的部门或者谈判小组负责人等签名、日期；报××领导审阅、批准，或提出意见和建议等；

由于谈判双方所处理的事情往往十分具体，行动指向性很强，因此，行文总的要求是要体现出一种严谨务实的态度。

语言方面，一是措辞要明晰准确，即词义浅显易懂，不至于引起歧义和误读，也不至于增加理解的难度。二是语句简洁扼要，多用陈述句和判断句，少用描述句；多用单句和单层复句，不宜使用多重复句。

文章的结构上，应严格遵照要求，尽可能将关涉事项以类相从，条理清楚，突出重点，而不要用常规的分段式结构，每个项目密密麻麻写上一大段，使人不易抓住重点。另外，条文式结构还可以起到简省过渡句、段以及用于起承转合的连接词的作用。

◎ 律师可以在谈判中担当“黑脸”的角色

在很多重要的商务谈判中，尤其与熟人、老客户开展经济交易活动时，委托人由于跟对方存在利益关系或比较熟悉而抹不开面子，在一些本当争取的核心利益或者拒绝对方不合理的要求时左右为难，甚至作为老板往往没有退路，而此时律师就是最好的“挡箭牌”。一方面，律师跟对方没有利害关系，系独立的第三方，所以不存在面子问题。而律师又是为委托人利益服务的，不论从执业道德还是从委托关系角度来说，都必然站在委托人角度考虑问题，维护委托人的合法权益。另一方面，律师又是具有专业的法律知识和经验的专家，对于很多问题具有法律人敏锐的洞察力，准确的理解力，可以从法律上予以充分的解释，从而达到以理服人、以法服人的效果，这是委托人无法比拟的。

律师在为委托人唱“黑脸”的同时，也为委托人提供了唱红脸的机会，这样既达成了交易，又维持了友好的合作关系，岂不两全其美！

律师在与对方谈论合同条款时，在某种程度上就应该摆出寸土不让的姿态。但作为律师的雇主，企业家应事先与律师通气，确定各自的角色，明确可以让步的项目及其边界。这样，通过律师的紧逼战术，可以争取利益最大化，而当谈判处于僵持状态时，企业家又可以充当和事佬表示让步，为双方找到台阶，有助于谈判的继续进行。这样的相互配合，就使谈判有了战略纵深，处理起问题来就游刃有余了。

对于己方坚决不能让步的问题，由律师来说明原因则更客观、更专业，显然比由企业家自己解释，更容易被对方接受。律师可以从法律的角度阐明如果让步了将会出现什么局面，所以不能让步云云。

如果遇到某些存心骗人的商业谈判对象，律师也能够迅速地识破，并在与企业家沟通后，说明放弃这笔交易的理由和依据。

◎ 律师在谈判中对法条及案例、判例的运用有助于提升谈判效果

律师参与谈判，一方面基于其丰富的谈判经验；另一方面也是律师竞争力优势的体现，即法律方面的专业知识和经验，大量的诉讼经验使律师很清楚每个项目、纠纷处理的法律风险所在及关键节点，具有一定的预测能力，可以帮助委托人形成清晰的判断。

办案思路的分析，离不开对相关法条的适用，以确保其法律上的可行性，因此，在谈判方案拟定时适当引用相关法条、司法解释，显示律师分析的有理有据，更有说服力，也是体现律师专业性之处。通过对法条的引用及其结合类似案例，判例的对比分析，对于办案思路的确定将更准确，因为最高人民法院的经典判例、本省、本市中级人民法院的既定判例本身就会对下级法院的判决形成一定的参照性和约束力，以确保裁判尺

度的统一性，并帮助确定法官自由裁量的边界。

示例 1：律师作为专业人士高效定分止争

2015 年笔者接受周某妻子的委托，作为其代理律师，随同远赴斯里兰卡帮委托人处理其家属的工亡事件。经过在现场多方了解的情况如下：

周某在因工被外派斯里兰卡期间，于当地时间 2015 年 10 月 11 日凌晨 3 点左右在住处突发不适，在同事联系的医生到达其住处为其检查病情时突然死亡。

由于周某系在下班休息期间在其住处突发疾病死亡，因此，用人单位的法律顾问就提出周某的情况应该不属于工亡，从而不能享受相关的工亡待遇和经济补偿。此时涉及周某死亡的定性问题，事关重大，周某儿子年幼，如果不能被认定为工伤，就无法获得相应的经济补偿，其妻子就无法获得足够的经济补偿来缓解其独自抚养儿子的重担。

为此，作为委托律师，笔者查询了相关的法律规定以及案例，了解到周某外派斯里兰卡期间为因工外出，职工因工外出工作具有一定的特殊性，其中因工出境工作更加具有特殊性，因国外的社会习惯、生活环境及语言交流等与国内有很大的不同，故只要没有证据证明职工在因工出境工作期间从事私人行为，则应认定职工在此期间一直处于工作时间、工作场所和工作岗位上。况且像周某这样在境外施工期间，一般没有明显的上下班时间，而且施工工地发生情况也是要随叫随到，工作时间和休息时间本身混同，无法作出明确的划分，因此，即使周某在下班时间突发疾病死亡，仍符合《工伤保险条例》第 15 条第（一）项的规定，“职工有下列情形之一的，视同工伤：（一）在工作时间和工作岗位，突发疾病死亡或者在 48 小时之内经抢救无效死亡的……”

为了佐证我们的认定，我们进一步在网上查找了两个类似的判例：

（1）上海爱立信电子有限公司诉被告上海市嘉定区人力资源和社会保障局不服工伤认定一审行政判决书[上海市嘉定区人民法院一审（2014）嘉行初字第 22 号]。

（2）河南省人力资源和社会保障厅与中国石油化工股份有限公司中原油田分公司一案一审行政判决书[郑州高新技术产业开发区人民法院一审（2014）开行初字第 173 号]。

在我方向对方副总提交了关于本案分析的法律规定及判例以后，对方副总总算接受了我们关于本案确定为工亡的定性认定，解决了双方争议的大问题，接下来的问题就是按照相应的公式、标准计算经济补偿的费用了，该争议也就迎刃而解了。

通过以上案例可以看出，特别是在解决争议的谈判中，律师有着专业的优势，如果能针对性地提出类似的判例、适用的法条，就会很有说服力，有利于推动谈判朝着既定的目标前进，取得令人满意的效果，有利于快速、高效地定分止争，从而获得“双赢”的结果。

◎ 律师对合同文书的把关

律师参与谈判的一个重要作用就是为后期签订合同做准备。

合同谈判是律师参与谈判的一项重要工作，有价值的合同条款是“谈出来”的，不是“修订出来”的，越是艰苦的谈判，越能获得好的谈判效果，没有经过谈判的合同条款基本都是标准条款，千篇一律，针对性不强，一旦产生纠纷，就会缺少相应的处理依据。

示例 2：律师通过合同谈判解决问题

笔者曾经在 2011 年代表一家新加坡的外资企业参与其与中石油就双方开展储油罐合作投资项目的合同条款修订，笔者从权利义务平衡、公平合理的角度对合同中很多条款做了修订，然后发给了中石油的法务人员，结果几天后几乎所有修订的内容都被对方推翻，合同内容几乎原封不动地发了过来，如此来来回回多次，耗时近一个月，双方在一些重要条款上互不让步，形成了合同修订的“僵局”。为了打破僵局，推进合同的尽快签订，笔者就向当事人建议双方派员就合同相关条款进行面对面的谈判，考虑到时间紧迫，为了合作的大局，对方也不想这样扯皮下去就同意了。在谈判中，各方就合同为什么要作如此的修订进行了充分的阐述，表明了己方的立场，也显示了弹性，由于考虑到项目成功合作的巨大利益，双方在谈判中体现了合作的态度，最后，双方都尊重了对方的关切，经过友好协商解决了大部分条款的修订，顺利解决了问题。

作为一名律师，笔者常常建议当事人在所有的对外谈判中应当形成由双方签字的“会谈纪要”“备忘录”，以此固定阶段性的谈判成果，几乎所有的谈判都是为了解决一定的问题、达成一定的合作协议的，因此，通过谈判形成的共识必须及时形成双方认可的记录，为未来彻底解决问题、达成协议奠定基础，也避免了对方因为一些情况的变化而出尔反尔，杜绝了重复劳动以及错失谈判的最佳时机。这也是我们在长期的谈判中应该形成的良好的工作习惯和工作意识。

律师通过谈判来参与合同的起草和完善，也是律师工作连续性的一部分。没有前期的谈判，没有达成共识的基础，律师起草合同存在很大的盲目性，无法进行总体和重点的把握，难以照顾委托人的合理关切。而合同布局的逻辑和措辞的严谨，固然可以体现律师的水平，但律师行业归根结底是个实践性行业，合同的不断完善应该充分体现对以前履行合同中法律风险漏洞的防范，同时要在最小的风险下，实现委托人的最大利益。

◎ 律师帮助委托人对法律风险进行把关，替代谈判人员对法律风险判断和担当

律师长期的工作就是和各种法律风险打交道，丰富的法律知识和办案经验使他们具备对于法律风险天生的敏感，而这一点正是一般的非专业人士所缺乏的，律师在谈判中可以把自身的这种特长予以充分发挥，对每一个经济行为、措施、让步、义务等都能产生合理的法律风险的预期，并进行相应的判断，帮助其他谈判人员对法律风险的性质、程度、后果及严重性，以及风险与收益之间的对应关系、平衡作出适当的判断，律师能将这种对法律风险的敏感和专业的判断贯穿谈判的始终，以确保不会因小错而铸成大错，确保谈判的最终结果不会隐含大的或实质性的法律风险。

◎ 商务谈判中的律师身份

由于社会上普遍对于律师的认知就是“打官司”，所以，很多时候律师作为一方的代理人参与谈判不但不受欢迎，甚至常常遭到对方的抵触与排斥，而且一旦律师参与谈判和交涉，就会引起对方高度的警惕，所以，在国内很多谈判中律师参与谈判并不多见，整个社会这方面的意识还有待于进一步提高。相反，在一些涉及大型国企、央企、上市公司，以及外资企业的谈判，或者跟政府的谈判时，律师参与谈判就比较容易被接受。因此，为了有效地在谈判中为委托人提供帮助，有时律师不得不以公司副总、法务经理、办公室主任等身份参加谈判，这样有利于降低对方的敌对态度、推动谈判的顺利开展。

商务谈判

◎ 商务谈判概述

一般要经历询盘（联系）、发盘（开始）、还盘（讨价还价）和接受（结束）四个环节。

1. 询盘

询盘是指交易一方为出售或购买某项商品而向交易另一方询问该商品交易的各项条件，包括规格、价格、质量、数量、交货时间等。一般是利用报刊、广告、电视、网络、电话等向不特定的市场主体公开询盘。有时是对市场作一次初步试探，是正式进入谈判过程的先导。询盘既可以是口头表示，也可以书面表达，它既没有约束性，也没有固定格式。

2. 发盘

发盘是交易一方因出售或购买某项商品，而向某个特定的潜在交易方发出买卖该项商品的各种交易条件，并表示愿意按照这些交易条件订立合同。

一项发盘有两个关系人，即发盘人和受盘人。按照发盘人对所发盘在受盘人接受后，是否承担订立合同的法律责任来划分，发盘可分为实盘和虚盘。

（1）实盘：实盘是对发盘人有约束力的发盘。

（2）虚盘：指对发盘人和受盘人都没有约束力的发盘。

使用虚盘时，一般采用“以我方最后确认为准”或“以双方最终签订的合同为准”等的形式。

3. 还盘

还盘是指受盘人在接到发盘后，对发盘内容不同意或不完全同意，反过来向发盘人提出需要变更内容或建议的表示，实质性的还盘主要是指针对标的、质量、数量、价款、酬金、违约责任及争议解决等的修改。一笔复杂交易的达成，往往要经历多次还盘和再还盘的过程。

4. 接受

接受是继询盘、发盘、还盘之后的最后一个环节。接受，就是交易的一方对另一方的发盘表示同意，在法律上又称为承诺，一项有效的承诺（接受）应具备以下几项基本条件：

（1）接受必须无条件的；或者没有对还盘进行实质性的修改。

（2）必须在一项发盘的有效期内。

5. 签订合同

在商品交易中，一般都可通过签订书面的合同来确认，通过签订合同，将双方谈妥的各项交易条件固定下来，以供双方遵照履行。

由于合同双方签字（盖章）后就成为约束双方的法律性文件，双方都必须遵守和执行合同规定的各项条款，任何一方违背合同规定，都要承担法律责任。合同内容必须与双方谈妥的事项及其要求完全一致，特别是主要的交易条件都要定得明确和肯定。制定合同时所涉及的概念不应有歧义，前后的叙述不能自相矛盾或出现疏漏差错等。

6. 其他注意事项

（1）如果双方经过了询盘、发盘、还盘最终没有走到签订合同这个环节，一方为此做了准备或者已开始部分履行合同的，另一方存在《民法典》第 500 条规定的下列情形，给对方造成损失的，应当承担损害赔偿责任：

① 假借订立合同，恶意进行磋商；

② 故意隐瞒与订立合同有关的重要事实或者提供虚假情况；

③ 有其他违背诚信原则的行为。

由于双方最终没有正式签订合同，所以这种与违约＝存在一定的区别，称为缔约过失责任。

（2）根据《民法典》第490条规定："当事人采用合同书形式订立合同，在签名、盖章或者按指印之前，当事人一方已经履行主要义务，对方接受时，该合同成立。"在实践中，存在这样的情况：双方磋商、起草了合同草案并发给了另一方，另一方迟迟没有回签合同，或者修订了合同的部分条款，但并没有得到对方的认可或同意，签约之事于是就不了了之。一般会认为双方之间根本没有签订合同，而事实上确实也没有签订合同，只是一个磋商过程形成的草稿而已，但如果另一方已经履行了合同主要义务而对方接受的，该合同从法律上就已经成立了，甚至双方并没有就修改的合同条款达成一致，或者一方明确要求对方的修订必须得到己方公司的批准，或者一方明确要求双方必须签订正式的书面合同，都可能被法院根据合同法该条的规定，因一方履行主要义务而导致合同成立，从而带来很多无法预知的后果，这点很容易被很多企业忽略。

☞ 示例3：轻视合同违约条款的审查终酿成大错

2018年，笔者接受南京A贸易集团公司的委托，作为其仲裁代理人参加仲裁，在审阅证据材料时发现了双方合作开始前一份波兰B公司发给A公司的合同草案，A公司在收到邮件后做了如下实质性修订并发回给了B公司：

（1）第3页第7条：Pricing and Terms：在FOB Shanghai后面增加了or FOB Nanjing。

（2）第8条：Samples：Manufacturer' s Cost. 后面增加了The buyer bears the courier freight of samples。

（3）第9条：Delivery and Lead Time：增加了or FOB Nanjing。

（4）第10条：Payment Terms：原90% balance 95 days after ETD. 改为90%T／T after Du-Hope making shipment and sending copy shipping docs by email. 取消了95 days after ETD。

（5）第14条：Manufacturer covers the cost of inspection. 改为the buyer covers the cost of inspection。

A公司项目经理在2015年5月26日的邮件中将以上修改后的新要约发送给了波兰B公司并明确了是公司负责人要求作的以上修改；若B公司认为可以，A公司将盖章后电邮发送。但遗憾的是，此后直至仲裁开庭之日B公司一直未回复也未予以确认，早已过了合理的时间，所以我们认为该份合同并未成立。后来双方的交易系依据与此明显不同的形式进行交货的，但产生了纠纷。

在审查这份未签的合同时，我们同时发现合同上违约责任条款规定“卖方（A公司）违约应向B公司承担100%的违约金，并且B公司有权解除合同。”这是一个单方违约条款，对于A公司明显不公平。

但未想到的是，最后仲裁庭引用《合同法》第37条“实践诺成合同”的原则，判定该合同草案生效，支持了B公司对A公司巨额的违约金赔偿请求。虽然笔者对此持保留意见，但当我们反思A公司在合同谈判、签约过程中的问题时，发现隐患如下：

（1）不了解《合同法》第37条的真实意思，也就没有“实践诺成合同”的意识，从而对于没有签订的合同没有风险意识，也没有及时处理。

（2）仅关注合同的技术性条款，却对违约责任等重要条款视而不见。

合同谈判及签署没有律师的参与，业务员仅凭经验办事风险意识不够。

笔者多年前曾作为世界500强的雇员在外企办事处从事贸易工作多年，后来在从事律师工作后发现两个岗位对于法律风险的意识和体验完全不同。作为业务员，对法律风险的把握主要凭以往的经验和直觉，审查合同更多关心的是规格、价格、付款条件、交货期、运输条款等技术性条款，热衷于促成交易、完成任务，讲究是成交的效率；而作为律师则更关心商检、双方的权利义务、违约责任、争议解决条款等合同的“背面条款”，两者关注的角度、内容侧重不同，前者从促成生意、利益最大化角度，后者是从法律风险可控、风险与利益如何平衡角度关注合同条款。所以，经验再丰富的业务员对合同条款的法律风险的理解与把握也替代不了律师的作用。

◎ 谈判目标的确定

商务谈判都会围绕某个明确的商业目标，如达成某项产品的销售或采购、引进某个关键的技术，或双方达成某项技术合作、专利权的许可等，谈判目标就是谈判双方希望通过双方的谈判追求或想要达成的最终目的。谈判目标根据期望值的不同、客观条件的不同、双方博弈的结果等，可以分为几个不同的层次：

（1）最优目标是指对于谈判一方最有利的理想目标，即完全可以满足一方在谈判中想要获取的结果或利益，甚至获得额外的利益，就是通常所说的“完胜”甚至还存在的“惊喜”。虽然，最优目标是谈判双方都努力追求的完美结果，但由于双方利益博弈的存在，一般很难达到。

（2）实际需求目标是谈判各方根据主客观因素，考虑到各方面的情况，经过科学论证、预测及评估，纳入谈判计划的谈判目标。这个层次的目标具有如下特点：

① 它是秘而不宣的内部机密。

② 它是谈判者必须“死守的最后防线”。

③ 这一目标一般最好让谈判对手挑明，己方就能“顺台阶而下”。

④该目标关系到谈判某方主要或全部经济利益。

（3）可接受目标是能满足谈判某方部分需求，实现部分经济利益的目标。可接受目标对于谈判一方来说是一种现实态度，即从现实情况出发，树立“只要能得到某种程度的资源就是成功的谈判”的观念，不能抱着“谈不成，不罢休”的态度。

（4）最低目标是商务谈判某方必须达到的目标，也是谈判中必须坚持的底线思维。如果没有最低目标作为心理底线，一味追求高标准的目标，这种心理往往带来僵化的谈判策略，这样的结果会导致无原则的让步和无效率的谈判结果。

在确定商务谈判目标层次时，要注意坚持三项原则，即实用性、合理性和合法性的原则。

◎ 商务谈判的前期准备

商务谈判目标明确，因此，为了保证商务谈判的高效、务实和成果，应当在谈判开始前做好一般市场调查，提供各种资料，为商务谈判提供决策依据。前期调查和准备通常包括以下内容：

1. 市场总体状况

分析国内外市场总体状况属于全面市场调查，要调查市场的分布情况、地理位置、运输条件、政治经济条件、市场潜力和容量、某一市场和其他市场的经济联系等。

2. 行业发展情况及产品的供求关系

了解、分析行业发展情况及供求关系，产品或提供的服务在整个行业中的市场定位、竞争力，从而帮助确定双方在谈判中的地位。

3. 产品销售情况

作为买方，则要调查准备购买的产品的销售情况。包括：该类产品各种型号，过去几年购销量及价格变动，该类产品的需求程度及潜在的销售量，季节性因素（等），掌握详细的市场及供应信息，能帮助我们增加在供应及价格上讨价还价的筹码。

4. 产品竞争情况（同类产品、替代产品）

5. 产品分销渠道

哪些应由制造商提供，哪些应由批发商或零售商负担等等。调查商品的分销路线，不仅可以掌握谈判对手的运输、仓储等管理成本状况，在价格谈判上心中有数，而且，可以针对对方售后服务的要求，提供良好的售后服务，争取谈判成功。

6. 供应及消费需求情况

通过调查，完成对对方经济情况的收集和分析，基本掌握对方产品的供应及库存情况、销售额、信誉度、规模、质量状况、行业排名、生产能力等。

7. 成本核算

成本核算帮助我们明确压价的底线和可能性，同时又能保证谈判的成功。

8. 产品的未来供求及价格走势

◎ 谈判前的资料准备

大型复杂的商务谈判，应当在谈判前收集和准备充分的资料，总体来说，至少需要准备以下资料：

1. 有关技术资料

（1）阅读国内外有关专业杂志、网站，参见国内外的各种博览会、展销会、交易会等；

（2）向国内外有关咨询机构求助，查阅专利，了解产品相关的技术发展现状及趋势；

（3）收集和熟悉国内外产品样本的产品目录；

（4）旁听、咨询类似的商务谈判；

（5）与发达国家有关经济和技术信息中心取得联系。

2. 有关价格资料

价格条款是谈判中的关键性条款。如果是买方，则要通过各种渠道取得多方面的价格资料，特别是要取得众多厂商的报价单，达到“货比三家”的效果，从而为作出最优选择和砍价做足准备。

3. 有关法律条款资料

相关交易可能涉及的国别法律、具体的法律法规及其条文内容，以便对交易未来可能涉及的法律风险作出适当的评估。

4. 有关货单、样品的准备

◎ 商务谈判人员应当掌握的知识

（1）某种商品在国际、国内的生产状况和市场供求关系。了解其生产潜力和发展的可能性。

（2）我国有关对外经济贸易的方针政策及我国政府颁布的有关涉外法律和规则。

（3）价格水平及其变化趋势的信息。

（4）产品的技术要求和质量标准。

（5）国内外相关法律知识。包括合同法、税法等法律政策规则。

（6）有关国际贸易、投资和国际惯例规则。最好能够具备较高的英语水平。

（7）各国各民族的风土人情、宗教和风俗习惯，熟悉不同国家谈判对手的谈判风格和性格特点等。

(8)熟悉可能涉及的种种业务知识,包括金融,尤其是汇率、市场、期货交易等知识。

(9)丰富的商品知识。比如,熟悉各种商品的性能、特点和用途。

(10)懂得谈判心理学、博弈论和行为科学,有丰富的谈判经验和应付谈判过程中复杂情况的决断能力和应变能力等。

以上是一个成熟的商务谈判人员所必需的条件,也是一个称职的谈判人员应具备的知识和素质要求。

涉外合同谈判

合同是企业对外经济交往最基本的形式。通常合同有口头和书面两种形式。随着社会经济交往的内容越来越复杂,除了个别金额较小且即时清结的交易会采用口头形式外,绝大部分的合同都会采用书面形式,而且从维护经济交往的正常秩序及当事人维权角度出发,法律也鼓励当事人更多地采用书面形式,很多法律明确规定某一类的合同必须采用书面形式。

从合同的种类到合同的内容,从简单的买卖合同到复杂的设备采购合同、进出口贸易合同、电站建设合同等,随着交易的种类及形式的不断创新,合同也变得越来越复杂。而合同谈判、合同条款的拟定也越来越成为一项专业、复杂的活动,需要专业人士的参与,有时还需要专业的技术人员、财务人员、法务人员及专业合同谈判人士组成的合同谈判团队参与合同谈判,以确保合同条款的科学性、准确性、可操作性并提供履约和维权的保障。

合同条款的谈判一般包括两个部分:技术条款和商务条款。合同中的技术条款一般包括标的名称、规格及质量、价格条款、数量、技术标准、付款时间、方式及条件、包装等条款，更多的是一种利益上的博弈，是双方根据其合同目的、企业营销理念、需求等决定的，一般由企业的技术人员或采购人员参与谈判并负责把关、决定即可；而涉及双方在合同中的质量检验、权利义务、违约责任、争议解决等方面的风险博弈，这种未来的不确定性有时也会造成很大的风险及损失，因此，首先是由合同当事人依据多年交易经验及风险意识决定的，其次，这种风险博弈要根据需要决定是否需要专业人士参与。

社会的分工发展至今，提出了越来越专业化、精细化的要求，有时专业的经验与非专业的判断也就是差之毫厘，却往往会失之千里。以一个普通的国际货物买卖合同为例，看看我们在从事此类合同谈判时需要注意哪些问题？

☞示例 4：国际货物买卖合同

国际货物买卖合同

Sales Contract

编号 No.

日期 Date：

买方：常州市 ×× 电子有限公司

The Buyer：Changzhou

地址：

Address：

电话：　　　　传真：

Telephone：　　　　FAX：

卖方：

The Seller：

电话：　　　　　　　　　　　　　　　　　　传真：

Telephone：　　　　　　　　　　　　　　　　FAX：

地址：

Address：

本合同由买卖双方订立，根据本合同规定的条款，买方同意购买，卖方同意出售下述商品：

This Contract is made by and between the Buyer and Seller, where the Buyer agree to buy and the Seller agree to sell the undermentioned commodity according to the term and conditions stipulated below：

（1）货名及规格：Commodity and Specifications：

（2）数量：Quantity：

（3）单价：Unit price：

（4）总价：Total price：

（5）生产国别和制造厂商：Cuntry of Origin and Manufactures：

（6）装运期限：Time of Shipment：

（7）装运口岸：Port of Shipment：

（8）到货口岸：Port of Destingation：

（9）保险：Insurance：

由买方投保。

To be coverd by the Buyer.

（10）包装：Packing：

须用坚固的新木箱/纸箱包装，适合长途海运，防湿、防潮、防震、防锈，而粗暴搬运。由于包装不良所发生的损失，由于采用不充分或不妥善的防护措施而造成的任何锈损，卖方应负担由此而产生的一切费用和/

或损失。

To be packed in new strong woden case(s)/carton(s)suitable for long distance ocean transportation and well protected against dampenss, moisture, shock, rust and rough handling.The Seller shall be liable for any damage to the goods on account of improper packing and for any rust damage attributable to inadequate or improper protective measures taken by the Seller, and insuch case or cases any and all losses and/or expenses incurred in consequence thereof shall be borne by the Seller.

(11)唛头：Shipping Mark：

卖方应在每件包装上，用不褪色油墨清楚地标刷件号、尺码、毛重、净重、"此端向上"、"小心轻放"、"切勿受潮"等字样，并刷有下列唛头：

On the surfacee of each package, the package number, measurements, gross weight, net weight, the lifting positions, such cautions as "Do Not Stack Up Side Down", "Handle With Care", "Keep Away From Moisture" and the following shiping mark shall be stenciled legibly in fadeless paint：

(12)付款条件：Terms of Payment：

甲、信用证付款：货物装运前一个月，买方应由上海中国银行开立以卖方为受益人的不可撤销的信用证，凭本合同第13条甲项规定的装运单据交到上海(银行)后付款。

乙、托收付款：货物装运后，卖方应将以买方为付款人的汇票连同本合同第13条甲项所列各种装运单据，通过卖方银行寄交买方银行即上海中国银行转交买方，并托收货款。

丙、信汇付款：买方收到本合同第13条甲项所列单据后，应于____天内信汇货款。

A.Payment by L/C：One month before shipment, the Buyer shall

establish with Bank of China, Shanghai an Irrevocable L/C in favour of the Seller, to be available against presentation in Shanghai of the shipping documents stipulated in Clause 13 hereof.

B.Payment by Collection: After delivery is made, the Seller shall send through the Seller, bank draft drawn on the Buyer together with the shipping documents apecified in Clause 13 hereof, to the Buyer through the Buyer bank, the Bank of China, Shanghai, for collection.

C.Payment by M/T: Payment to be effected by the Buyer not later than days after receipt of the shipping documents specified in Clause 13 hereof.

(13)单据:Document:

甲、卖方应将下列单据提交付款银行议付货款/托收付款,如为信汇付款,下列单据应径寄买方:

① 全套可议付的洁净已装运海运提单,空白抬头,空白背书。注明"运费到付",并通知到货口岸中国对外贸易运运输公司。

② 邮包收据注明邮费/空运提单。

③ 保险单或保险证明书注明投保战争险,一切险包括TPND。破碎,渗漏。无百分比限制,并注明货物到达后倘发现残破碎,渗漏。无百分比限制,并注明货物到达后倘发现残破碎,渗漏。无百分比限制,并注明货物到达后倘发现残损情况,须向到货口岸之中国商品检验局申请检验。

④ 发票五份,注明合同号,唛头。

⑤ 装箱单两份,注明毛、净重、尺码和所装货物每项的品名数量。

⑥ 按照本合同第18条甲项规定由制造厂签发的质量和数量/重量证明书及检验报告各两份。

A.The Seller shall present the following documents to the paying bank for negotiation/collection, or to the Buyer in case of payment by M/T.

① Full set of Negotiable Clean on Board Ocean Bills of Lading marked "Freight to Collect" and made out to order, blank endorsed, and notifying the china National Foreign Trade Transportation Corporation at the port of destination.

② Parcel post Receipt, indicating postage/Air Way Bill

③ Insurance Policy or Certificate, covering War risk and all risks including TPND, Breakage and Leakage irrespective of percentage and indicating "In the event of loss or damage, request for survey upon arrival of the cargo at the port of destination be made to the China Commodity Inspection Bureau of that port".

④ Invoice in quintuplicate, indicating contract number and shipping mark.

⑤ Packing List in duplicate with indication of both gross and net weights, measurements and quantity of each item packed.

⑥ Certificate of Quality and Quantity/Weight and Testing Report, each in duplicate issued by the manufacturers as specified in items of Clause 18 hereof.

⑦ A true copy of cable to advise the Buyer of shipment immediately the goods are loaded on ship as specified in Clanus 15 hereof.

乙、货物装运后十天内，除上述装运通知电报副本外，卖方应另外准备各种单据副本三套，以空邮将其中一套寄交买方，另外两套寄交到货口岸中国对外贸易运输公司。

B.Within 10 days afrer shipment is effected, the Seller shall prepare three sets, each comprising one copy each of the above mentioned documents with the exception of the cable shipping advice one set to be airmailed to the Buyer and the other two Sets to the China National Foreign Trade Transportation Corporation at the port of destination.

(14)技术资料：Technical Documents：

甲、每次发货前，卖方应将下述英文技术资料一整套与货物一起装箱，运交买方：

① 基础图

② 布线说明，电气及/或气动及/或液压接线图

③ 易损零件制造图

④ 零件目录

⑤ 本合同第18条甲项规定的品质证明书

⑥ 安装、操作和维修说明书

A.One complete set of the lollowing technical documents written in English shall be packed and depatchde to-gether with each consignment：

① Foundation drawings

② Wiring instructions，diagrams of electrical connections and/of pneumatic and/or hydraulic connections

③ Manufacturing drawings of easily worn parts

④ Spare parts catalogues

⑤ Certificate of quality as stipulated in Item a of Clause 18 hereof

⑥ Erection，operation，service and repair instruction books

乙、____个月前，卖方应将本条甲项所列①、②、③、④、⑤、⑥的各种技术资料2套，以空邮寄交买方。

B.____months before shipment，the Seller shall air-mail to the Buyer two complete sets of the technical documents mentioned in points ①，②，③，

④,⑤ and ⑥ under items of this Clause.

（F.U.M.P）

（15）装运条款：Terms of Shipment：

甲、每次发货如毛重超过两公吨，卖方应于本合同第8条规定的装运期六十天前，将合同编号、商品名称、数量、价值、件数、毛重、尺码以及及货物在装货口岸备舀日期函/电告买方，以便买方订舱。如毛重不超过两公吨，则卖方应与装货口岸的买方货运代理人直接联系装运事宜。

A.For each shipment exceeding two metric tons in gross weight, the Seller shall, 60 days before the date of shipment stipulated in Clause 8 hereof, advise the buyer by cable/letter of the contract number name of commodity, quantity, value, number of packages, gross weight and measurements and date of readiness at the port of shipment in order for the buyer to book shipping space.For each shipment not over two metric tons in gross weight, the Seller shall get in direct touch with the buyer shipping agent at the loading port.

乙、每发货毛重超过两公吨时，其订舱事宜将由买方装运代理人北京中国租船公司（电报挂号：ZHONGZU　BEIJING）办理，买方与该公司密切联系有关装运事宜。卖方则应与在装货口岸的中国租船公司装运代理人密切联系。

B.Booking of shipping space for each shipment exceeding two metric tons in gross weight will be attended to by the buyer shipping agent, China National Chartering Corporation, Beijing, China（Cable Address：ZHONGZU BEIJNG）with whom the Buyer shall keep in close contact in the matter of shipment.The Seller shall keep in close contact with ZHONGZU'S shipping agent at the loading port.

丙、北京中国租船公司或其港口代理人于估计承运船到达装货口岸日期十天以前,将船名、预计装船日期、合同编号初步通知卖方,以便卖方安排装运。事先指定的承运船如有变更,或其估计到达日期提前或延期时,买方或其装运代理人应及时通知卖方,如果该船未能于买方或其装运代理人所通知的到达日期后三十天内到达装运口岸,则从第三十一天起货物的仓租和火灾保险费用应由买方负担。

C.China National Chartering Corporation, Beijing, China, or their shipping agent at the loading port, will send the Seller, 10 days before the estimated date of arrival of the carrying vessel at the port of shipment a preliminary notice indicating the name of vessel, estimated date of loading, contract number in order for the Seller to arrange shipment.In case the carrying vessel previously designated is to be replaced by another vessel or in case the estimated date of arrival of the carrying vessel is to be advanced or postponed, the Buyer or their shipping agent shall advise the Seller to that effect in time. Should the vessel fail to arrive at the port of loading within 30 days after the arrival date advised by the buyer or their shipping agent, the buyer shall bear the storage and fire insurance expenses incurred from the 31st day.

丁、承运船及时到达装货口岸时,如卖方未将货物备妥待装,因此而发生的空舱费和延滞费均应由卖方负担。

D.The seller shall be liable for any dead freight or demurrage consequent upon their failure to have the goods ready for loading after the carrying vessel has arrived at the port of loading in time.

戊、在货物越过船舷并从吊钩上卸下以前,所有在搬运中发生的一切费用和风险均由卖方负担。在货物超过船舷并从吊钩上卸下以后,所发生的一切费用均由买方负担。

E.The Seller shall bear all expenses and risks and risks involved in the handling of the goods before they pass over the vessel' s rail and are released from the tackle, whereas all expenses involved in the loading of the goods after they have passed over the vessel' s rail and have been released from the vessel' s tackle shall be for the Buyer' account.

(16)装运通知：Shipping Aevice：

货物全部装船后，买方应立即将合同编号、商品名称、数量、毛重、发标金额、船名和开航日期电告买方。如单件货物的重量超过9公吨或阔度超过3400毫米，或两旁调试超过2350毫米，则卖方应将该件重量和尺码告知买方。如由于卖方未及时将装运通知电告买方，以致货物未及时保险而发生的一切损失应由卖方负担。如货物系属危险品，卖方应将其性质及处理办法电告买方和到货口岸中国对外贸易运输公司。

Immediately the goods are completely loaded, the Seller Shall cable to notify the Buyer of the contract number, name of commodity, quantity, gross weight, invoiced name of the carrying vessel and the date of sailing. If any package is above 9 metric tons in weight of over 3400 mm in width of over 2350 mm on both sides in height, the Seller shall advise the Buyer of the weight and measurements of such package.in case the goods are not insured in time owing to the Seller having failed to give timely advice, any and all consequent losses shall be borne by the Seller.In the case of dangerous goods, the Seller SHALL cable to notify the Buyer and the China National Foreign Transportation Corporation at the port of destination of their nature and the method of handling then.

(17)质量保证：Guarantee of Quality：

卖方保证订货系用最上等的材料和头等工艺制成，全新，未曾用过，并完全符合本合同规定的质量、规格和性能。卖方并保证本合同订货在正确安装、正常使用和维修的情况下，自货物到达到货口岸之日起十二个月内运转良好。

The Seller shall guarantee that the goods are made of best materials, with first class workmanship, brand-new, unused and correspond in all respects with the quality, specifications and performance as stipulated in this Contract. The seller shall also guarantee that the goods when correctly mounted and properly operated and maintained, will give satisfactory performance for a period of 12 months starting from the date on which the goods arrive at the port of destination.

（18）检验和索赔：Inspection and Claims：

甲、在交货以前，制造厂就订货的质量、规格、性能、数量 / 重量作出准确和全面的检验，并出具货物和本合同规定相符的证明书，该证书为议付 / 托收货款而应上交银行的单据的组成部分，但不得为货物的质量、规格、性能和数量 / 重量的最后依据。制造厂应将记载试验细节和结果的书面报告附在质量证明书内。

A.The manufacturers shall before making delivery, make a precise and comprehensive inspection of the goods as regards their quality, specifications, performance and quantity/weight, and issue certificates certifying that the goods are in conformity with the stipulations of this Contract.The certificates shall from an integral part of the documents to be presented to the paying bank for negotiation/collection of payment but shall not be considered as final in respect of quality, specifications, performance and quality/weight. Particulars and results of the test carried ou by the manufacturers must be shown in a statement to be attached to the said Quality Certificate.

乙、货物到达到货口岸后，买方应申请中国商品检验局(以下简称商检局)就货物的质量、规格和数量/重量进行初步检验。如发现到货的规格或数量/重量与合同不符，除应由保险公司或船公司负责者外，买方于货物在到货口岸缺货后120天内凭商检局出具之检验证书有权拒收货物或向卖方索赔。

B.After arrival of the goods at the port of destination, the Buyer shall apply to the China Commodity inspection Bureau (hereinafter called the Bureau) for a preliminary inspection of the goods in respect of their quality, specifications and quantity/weight.If any discrepancies are found by the Bureau regarding the specifications or the quantity/weight or both, except those for which either the insurance company or the shipping company is responsible, the Buyer shall, within 120 days after discharge of the goods at the port of destination, have the right either to reject the goods or to claim against the Seller on the strength of the inspection certificate issued by the Buren.

丙、在合同第17条规定的保证期限内，如发现货物的质量及/或规格与本合同规定不符或发现货物无论任何原因引起的缺陷包括内在缺陷或使用不良的原料，买方应申请商检局检验，并有权根据商检证向卖方索赔。

C.Within the guarantee period stipulated in Clause 17 here-of should the quality and/or the specifications of the goods be found not in conformity with the contracted stipulations, or should the goods prove defective for any reasons, including latent defect of the use of unsuitable materials, the Buyer shall arrange for an inspection to be carried out by the Bureau and have the right to claim against the Seller on the strength of the inspection certificate issued by the Bureau.

丁、卖方收到买方索赔通知后，如果在三十天内不答复，应视为卖方同意买方提出的一切索赔。

D.Any and all claims shall be regarded as accepted if the Seller fail to reply within 30 days after receipt of the Buyer’s claim.

（19）索赔解决方法：Settlement of Claims：

如货物不符合本合同规定应由卖方负责，同时买方按照本合同第 17 条和第 18 条的规定在索赔期限或质量保证期限内提出索赔，卖方在取得买方同意后，应按下列方式理赔。

In case the Seller are liable for the discrepancies and a claim is made by the Buyer within the period of claim or quality guarantee period as stipulated in Clauses 17 and 18 of this Contract.The Seller shall settle the claim upon the agreement of the Buyer in the following ways：

甲、同意买方退货，并将通货金额以成交原币偿还买方，并负担因退货而发生的一切直接损失和费用，包括利息、银行费用、运费、保险费、商检费、仓租、码头装卸费以及为保管退货而发生的一切其他必要费用。

A.Agree to the rejection of the goods and refund to the Buy–ers the value of the goods so rejected in the same currency as contracted herein, and to bear all direct losses and expenses in connection there with including interest accrued, banking charges, reight, insurance premium, inspection charges, storage, stevedore charges and all other necessary expenses required for he custody and protection of the rejected goods.

乙、按照货物的疵劣程度，损坏的范围和买方所遭受的损失，将货物贬值。

B.Devaluate the goods according to the degree of inferiority, extent of damage and amount of losses sustained by the Buyer.

丁、调换有瑕疵的货物，换货必须全新并符合本合同规定的规格、质量和性能。卖方并负担因此而发生的一切费用和买方遭受的一切直接损失。对换货的质量，卖方仍应按本合同第 17 条的规定，保证十二个月。

C.Replace the defective goods with new ones which conform to the specifications, quality and performance as stipulated in this Contract, and bear all expenses incurred to and direct losses sustained by the Buyer.The Seller shall, at the same time, guarantee the quality of the replacement goods for a further period of 12 months as specified in Clause 17 of this Contract.

(20)人力不可抗拒事故：Force Majeure：

由于人力不可抗拒事故，而卖方交货迟延或不能交货时，责任不在卖方。但卖方应立即将事故通知买方，并于事故发生后十四天内将事故发生地政府主管机关出给的事故证明书用空邮寄交买方为证，并取得买方认可。在上述情况下，卖方仍负有采取一切必要措施从速交货的责任。如果事故持续超过十个星期，买方有权撤销本合同

The Seller shall not be held responsible for any delay in delivery or nondelivery of the goods due to Force Majeure.However, the Seller shall advise the Buyer immediately of such occurrence and within fourteen days thereafter, shall send by airmail to the Buyer for their acceptance a certificate issued by the competent government authorities of the place where the accident occurs as evidence thereof.Under such circumstances the Seller, however, are still under the obligation to take all necessary measures to hasten the de–livery of the goods.In case the accident lasts for more than ten weeks, the Buyer shall have the right to cancel this contract.

(21)迟交和罚款：Late Delivery and Penalty：

如延迟交货除人力不可抗拒事故者外，卖方应会给买方每一星期按

迟交货物总值的 0.5% 的迟交罚款，不足一星期的迟交日数作为一星期计算，此项罚款总额不超过全部迟交货物总值的 5%，在议付货款时由银行代为扣除，或由买方在付款时进行扣除。

如迟延交货超过原定期限十星期时，买方有权终止本合同。但卖方仍应向买方缴付以上规定之罚款，不得推诿或迟延。

In case of delayed delivery, except for force majeure cases, the Seller shall pay to the Buyer for every week of delay a penalty mounting to 0.5% of the total value of the goods whose delivery has been delayed.Aay fractional part of a week is to be considered a full week.The total amount of penalty shall not, however, exceed 5% of the total value of the goods involved in late delivery and is to be deducted from the remount due to the Seller by the paying bank at the time of negotiation, or by the Buyer direct at the time of payment.

In case the period of delay exceeds 10 weeks after the stipulated delivery date the Buyer have the right to terminate this contract but the Seller shall not thereby be exempted from the payment of penalty.

(22)仲裁: Arbitration:

凡有关本合同或执行本合同而发生的一切争执，应通过友好协商解决。如不能解决，则应提交中国国际经济贸易仲裁委员会按照该会的仲裁规则在北京进行仲裁。该仲裁委员会作出的裁决是最终的，买卖双方均应受其拘束，任何一方不得向法院或其他机关申请变更。仲裁费用由败诉一方承担。

All disputes in connection with this Contract or the execution there of shall be settled through friendly negotiations.In case no settlement can be reached through negotiations, the case should then be submitted for arbitration to China International Economic and Trade Arbitration Commission, Beijing, in accordance with its arbitration rules.The arbitration so all take place in Beijing and binding up-on both parties; neither party shall seek recourse to a law court or other authorities for revising the decision.The arbitration fee shall be borne by the losing part.

(23)附注：Remarks：

本合同一式两份，买卖双方各执一份为证。

This Contract is made out in two original copies, one copy to be held by each party in witness thereof.

出卖人：	买受人：
The Seller：	The Buyer：

这就是一份标准的国际货物买卖合同，是一份通常的示范文本，在进出口贸易中大量使用，很多客户都会从网上下载以供使用。但就是这样一份标准的示范文本为我所用时，我们也要进行如下的改造和修订，以符合客户的交易目的和需要。

审阅以上合同，需要考量和谈判的内容主要包括以下几部分：

1. 合同版本的语言问题

虽然是两种不同语言互相对照翻译的，但还是会在个别词语的使用及理解上存在差异。这种细微的差异一般不容易被察觉，只有在发生争议时经过推敲才会被发现。所以，如果外方要求以英文的文本为准，则我们可以为了达成交易做出让步。但一方面，我们应当对个别重要的条款进行中英文逐字逐句的认真核对与推敲，看看是否还存在歧义，是否有可能导致风险；另一方面，也可以以此作为筹码换取外方客户在其他方面的让步。

2. 价格条款

价格条款的主要谈判点在于采用何种贸易术语，每一种贸易术语所代表的运输及费用、报关手续、保险购买、风险点转移等都不尽相同，如常用的FOB、CFR、CIF，三者的风险转移点都是在装运港将货物装上船之时，即实现了风险从卖方转移给了买方，区别在于谁负责订舱？谁承担运输费用及谁负责购买保险？

最新的《国际贸易术语解释通则》(2020年版)规定了11种贸易术语，从EXW到DDP的逐渐演变，卖方的责任、费用承担和风险从EXW最小一直到DDP最大，相应地，买方的责任、费用承担和风险从EXW最大一直到DDP最小。所以，在谈判中应当明确己方作为买方或者卖方，对于风险的承担和保障能力如何，费用成本也要纳入总价进行计算，这样综合衡量后确定采取何种贸易术语，并且对此术语所指可能承担的风险作充分的准备。

3. 商检条款

商检条款是很多进出口合同中容易被忽略的条款。商检条款一般包含了商检的时间、出口商检和进口商检的机构确定、单据议付和索赔以哪种商检的结果为准等问题，都应该通过谈判在合同中予以明确约定。

对于食品药品等规定在原产地必须进行商检的产品，对于设备的进出口等国家法定检验的产品，都应当在合同中明确约定，并且规定一方不履行商检义务的责任与法律后果。

4. 权利义务

在一般合同中，权利义务是一个集中的条款，分别陈述甲方和乙方的权利和义务。本合同中，各方的权利义务具体分散在不同条款中，如第16条装运通知："货物全部装船后，买方应立即将合同编号、商品名称、数量、毛重、发标金额、船名和开航日期电告买方。如单件货物的重量超过9公吨或阔度超过3400毫米，或两旁调试超过2350毫米，则卖方应将该件的重量和尺码告知买方。如由于卖方未及时将装运通知电告买方，以致货物未及时保险而发生的一切损失应由卖方负担。如货物系属危险品，卖方应将其性质及处理办法电告买方以及到货口岸对外贸易运输公司。”明确规定买方在货物装船后的义务，而且是“立即”，即“不迟延地”，违反义务就要承担由此产生的损失。所以，在合同谈判中：(1)要注意双方权利义务的总体平衡；(2)应注意己方权利的充分性和对方义务的必要性；(3)义务的履行应当有时间的限定，以及违反义务的法律后果。

权利义务是双方为履行合同所必要的，但应当合理，应注意对方是否在履行合同以外给己方增加额外的义务，千万不能对此掉以轻心，有义务就意味着责任，意味着额外的付出及法律风险。

5. 不可抗力

外贸企业对于进出口合同中不可抗力条款往往不够重视，认为就是个摆设，但在2020年新冠肆虐期间，不可抗力被广泛地提起，原因就是由于新冠病毒造成很多合同无法履行，先是中国的出口企业后是国外的进口企业纷纷要求以不可抗力作为合法的理由延迟履行合同或解除合同，一时间，不可抗力成了外贸企业都关注的热门条款。

由于不可抗力是大陆法系中的概念，而在英美法系中没有不可抗力的概念，对应的仅有“合同落空”，这两者在法定免责事由、认定标准、法律后果上都不尽相同，如英美法系中“合同落空”的认定标准比不可抗力严格得多，其直接的法律后果是解除合同；而不可抗力的法律后果是应当免除违约责任、可以延迟履行合同或部分履行合同，只有当不可抗力导致不能实现合同目的时，才有权解除合同。

所以，在合同谈判时，对于不可抗力最好的做法是作具体而明确的规定，建议的示范条款如下：

“所谓不可抗力，是指合同订立时不能预见、不能避免并不能克服的客观情况。包括但不限于：

（1）自然灾害，包括但不限于暴风、旋风、台风、飓风、龙卷风、暴风雪、地震、火山活动、山体滑坡、海啸、洪水、旱灾、冰雹，泥石流、火灾、旱灾、风灾、大雪、山崩、瘟疫，传染病等；

（2）政府行为，如征收、征用、法律修订或改变、政府命令、禁令、规章、法规或指令，宵禁、政府干预、禁运、征收，强制收购，没收，征用，国有化等；

（3）社会异常事件，如罢工、骚乱、叛乱、战争（无论是否宣战）、武装冲突、敌对行为、入侵、军事动员、内战，暴乱、动乱、革命、军事政变或篡夺政权、骚乱、群众暴动、恐怖主义行动、蓄意破坏、海盗、爆炸；交通、电信或电力的长期阻断等。

当事人一方因不可抗力不能履行合同的，应当及时通知对方，以减轻可能给对方造成的损失，并应当在 15 日内提供由独立的第三方或官方机构出具的不可抗力事实性证明。因不可抗力导致的不能履约或他人损害的，须根据不可抗力的影响，部分或全部免责；因不可抗力导致不能实现合同目的的，方可解约。

其他有可能构成合同履行障碍的，且符合不可抗力“三不”特征的事件，经合同双方商量，也可以纳入其中。

另外，《联合国国际货物销售合同公约》（以下简称“CISG”）第 79 条也对不可抗力做了相应的规定：“当事人对不履行义务，不负责任，如果他能证明此种不履行义务，是由于某种非他所能控制的障碍，而且对于这种障碍，没有理由预期他在订立合同时能考虑到或能避免或克服它或它的后果。”

CISG的公约国目前有92个，按照公约相关规定，只要在合同中没有选择适用的法律，也没有明确排除公约的适用，则公约自动适用。

6.违约责任

违约责任是合同中最重要的条款之一，也是往往容易被忽略的条款。

我国《民法典》从第585条至第588条对于违约责任承担的三种方式作了具体规定：

第五百八十五条　当事人可以约定一方违约时应当根据违约情况向对方支付一定数额的违约金，也可以约定因违约产生的损失赔偿额的计算方法。约定的违约金低于造成的损失的，人民法院或者仲裁机构可以根据当事人的请求予以增加；约定的违约金过分高于造成的损失的，人民法院或者仲裁机构可以根据当事人的请求予以适当减少。

当事人就迟延履行约定违约金的，违约方支付违约金后，还应当履行债务。

第五百八十六条　当事人可以约定一方向对方给付定金作为债权的担保。定金合同自实际交付定金时成立。

定金的数额由当事人约定；但是，不得超过主合同标的额的百分之二十，超过部分不产生定金的效力。实际交付的定金数额多于或者少于约定数额的，视为变更约定的定金数额。

第五百八十七条　债务人履行债务的，定金应当抵作价款或者收回。给付定金的一方不履行债务或者履行债务不符合约定，致使不能实现合同目的的，无权请求返还定金；收受定金的一方不履行债务或者履行债务不符合约定，致使不能实现合同目的的，应当双倍返还定金。

第五百八十八条　当事人既约定违约金，又约定定金的，一方违约时，对方可以选择适用违约金或者定金条款。

定金不足以弥补一方违约造成的损失的，对方可以请求赔偿超过定金数额的损失。

从以上可以解读出在谈判违约责任条款时应注意以下的事项：

(1)承担违约责任的方式一共有三种，分别是：违约金、定金和赔偿损失。

(2)违约金和赔偿损失可以同时使用，可以金额高者为主张。

(3)因延迟履行而被要求支付违约金后仍有义务履行债务。

(4)定金具有双倍返还功能。

(5)同时约定违约金和定金的，只能择其一而主张。

7. 争议解决

争议解决越来越成为国际货物买卖合同的重要条款。作为律师，一旦接到当事人就进出口贸易纠纷的咨询，首先，就会关注合同中的争议解决条款。

一般来说，争议解决条款主要包括以下几项内容：

(1)争议管辖机构

考虑争议管辖机构有无选择。如果没有选择，则一般为被告所在地法院管辖，但不得违反级别管辖的原则。如果明确约定了仲裁机构，则仲裁机构优先；倘若既约定了法院，又约定了仲裁机构，则法院优先，仲裁条款无效。

对于仲裁机构的选择，没有连结点的要求；但对于法院的选择，要求必须是“最密切联系地”，如原被告所在地、合同履行地、合同签订地、合同标的物所在地，违反了可能导致无效。

(2)适用法律

合同双方可以通过协商选择争议解决适用的实体法；而在双方没有

选择时，若合同没有排除，则按照 CISG（参照前文）的规则自动适用。

（3）使用语言及优先权

争议解决的语言选择很重要。如果向法院起诉，则按照法院所在地程序法，只能适用当地语言，其他语言必须翻译，包括开庭时翻译；如果选择仲裁，当事人双方有权选择使用的语言，如中国国际贸易仲裁委员会 CIETSAC 庭审中一般英文文本就不需要翻译了，但如果是使用除英文、中文以外的语言，则必须翻译。

选择使用的语言，涉及法律文书翻译成本的问题，有时证据材料浩如烟海，翻译费也是一笔不小的开支。

非诉业务谈判

律师的非诉业务中最重要、难度最大的就是合同谈判。

法律为社会中不同阶层、不同利益集团的利益博弈确立了权利义务的边界；而作为准法律的合同，发生在两个相对的当事人之间，用于界定双方之间权利义务的边界，是双方在合作中利益博弈的结果，因此，合同对于双方来说都很重要。

合同的谈判对于谈判参与人的要求很高，既要有专业的业务经验，熟悉业务流程，又要知晓此业务的相关法律规定，而且还要有丰富的谈判经验，懂得谈判的技巧。所以，对于一些重要的合同，如投资合同、独家代理合同、技术合作合同、设备进口合同等，如果缺少了前期的合同谈判，而只是单纯地修改合同，对着合同文本咬文嚼字，却不了解合同背景、目的、双方博弈的焦点等情况，无异于盲人摸象。律师在修改合同中发挥的作用是有限的，所以，对于重要的合同来说，合同及其条款的谈判才是双方达成协议、签署合同的第一步，也是不可或缺的关键一步。

◎ 招投标及其合同谈判

招投标对于工程或采购的成本管理工作来说，具有举足轻重的意义。相对于议标或直接委托，不但能使成本管理工作透明化，接受各界的监督，更重要的是，能帮助降低工程或采购成本，带给企事业单位显著的经济效益。所以，根据我国的《招标投标法》《招标投标法实施条例》《政府采购法》《政府采购货物和服务招标投标管理办法》等相关法律规定，招投标在我国分为强制性招投标和非强制性招投标。《招标投标法》第3条规定：在中华人民共和国境内进行下列工程建设项目包括项目的勘察、设计、施工、监理以及与工程建设有关的重要设备、材料等的采购，必须进行招标：

（1）大型基础设施、公用事业等关系社会公共利益、公众安全的项目。

（2）全部或者部分使用国有资金投资或者国家融资的项目。

（3）使用国际组织或者外国政府贷款、援助资金的项目。

前款所列项目的具体范围和规模标准，由国务院发展计划部门会同国务院有关部门制订，报国务院批准，对必须进行招标的其他项目的范围有规定的，依照其规定。

除了强制性的招投标以外，由于建设工程和大型采购本身的特点及降低成本、择优选择的需要，很多企业也倾向于通过招投标寻找合作方。而招标结果的好坏，很大程度上取决于商务谈判的成功与否。以下从工程招标方角度梳理一下招标谈判的要点。

1. 谈判前期的准备工作

（1）明确招标内容，优化设计方案。

在开始招标前，应当先由设计管理人员和成本管理人员分别对施工图进行仔细检查。设计人员着重查看原设计是否存在技术问题，而成本人员则着重关注其经济是否合理。对成本偏高的设计应提出反馈意见给设计部门。成本人员应与设计管理人员充分沟通，在发标前达成一致意见，统一各关键部位的技术要求，明确本次招标的重点内容。对于带方案报价的工程，则应在综合评估各家方案后择优选择性价比最佳的方案，而后再深化设计，内部应对此达成一致，在此基础上方能编制统一的工程量清单。在方案设计、技术要求统一的前提下，报价分析才更科学合理，也更简单明了，易于操作。

（2）充分做好市场调查，选择适当的投标单位。

目前建筑市场竞争日趋激烈，这对于招标方主动选择投标单位是非常有利的，但各建筑施工队伍也良莠不齐，工程业务能力、管理水平、诚信度及其责任心千差万别，需要招标方擦亮眼睛。除常规的考察报告内容外，还需要注意以下的一些重点问题：

① 合适的才是最好的，性价比是首要考虑因素。

根据每个招标工程的技术要求、工程难度不同，应该选择施工技术水平基本处于同一档次上的投标单位，档次相距过远，就会实际上失去市场竞争的意义。选择何种资质、技术水平的企业要与招标的工程相匹配，不一定要求是最好的，如多层住宅的主体招标，这种房屋的修建对施工技术水平要求是不高的，在满足铸造精品住宅的基本前提下，找一些施工资质中等的单位来参与投标，也不失为节约成本的一种途径。

② 市场调查时，应注重考察投标单位与各材料供应商的关系。

从材料供应商那里能得到多少优惠，所购材料设备性能如何？这是招标方应当关心的。

③ 初步拟定待访单位名单时，应把目光放宽一点。

如果仅仅停留在曾经合作过或者熟悉的某些单位上，而不是多些选择，多纳入一些新的单位，说不定就会错过对我们更有利的合作伙伴，那同样也是一种损失。

④ 关注投标单位前一段时间的投标情况、工程业绩。

要了解的内容绝不仅是价格，还需要对投标项目的概况有一个大致全面的认识，这可能需要对投标单位及其历建工程进行实地考察，必要时还要征询使用者的意见，以便更全面地了解投标单位的实际施工能力、表现及其与业主方的合作情况及评价。了解了各家单位在其他的工程项目上的投标情况，在商务谈判时就可以做到知己知彼，掌握主动。

（3）调查市场的平均造价水平，分解成本目标，确定招标控制的目标价位。

明确了招标内容后，下面需要进一步明确建造工程相关的其他事项，如采购材料设备目前有哪些具有竞争力的供应商？市场最低价是多少？招标方不能仅仅依赖投标价，认为最低投标价就是市场最低价，也不能过分依赖过去的经验，市场是在不断变化的。如果招标方对该项工程或材料设备的目前市场情况不太熟悉，有必要对去做实地的市场调查，掌握市场行情的第一手资料。通过调查我们才能做到心中有数，商务谈判也有了明晰的砍价目标。调查可采取灵活多样的方式，如直接电话咨询、网上搜寻、向同行了解等。

成本目标是招标方在工程的方案阶段确定的对某一费用项目的限额成本。对某些招标来说，成本目标包括的工程内容就是招标的全部内容，但很多情况下某一个招标会包括好几个成本科目，而且招标的目标值可能又并不是这几个科目的目标值之和。在确定了招标内容后，需要对成本目标进行分解组合，得到本次招标的成本目标。但此时的成本目标只是项目在方案阶段的估算，是比较粗糙的。有了明确的施工图之后，招标方应做施工图预算并结合市场状况确定本次招标的控制目标。只有结合了市场状况，招标控制目标才有一定的灵活性。在设定招标控制目标时应把握一个度的问题：不要太低，也不要太高，要适中。太低了难以保证质量，太高了对招标工作又没有约束力，失去招投标的意义和价值。

(4)对投标单位初步询价，为谈判提供数据支持。

如果说进行市场造价水平调查后，招标方对招标结果还没有确切的把握，那么就很有必要进行初步询价。投标单位的初步报价能为招标方提供大量的数据支持，即使是在招标时间很紧急的情况下，这一步也不能轻易省略。询价最好使用电子表格，这样方便招标方直观、快捷做出报价分析。对各家报价中超出平均价的部分、合理性低价、与招标方前期了解到的市场价差异较大的部分，都应做好记录，这些是双方下一步商务谈判的重点。当然，这些工作只能在招标方内部进行，是不能传知于其他投标者的。超出平均价部分，很有可能需要通过谈判来降低的，而非合理性低价，可能是由于投标单位没完全理解招标方的招标内容所致，为避免日后工作中的扯皮，有必要及时提醒投标者注意。

2. 招标谈判中的注意事项

(1)招标谈判首先需要考虑的是选择合格的中标单位。

对于不同投资规模、不同技术要求的工程来说，需要对应不同资质的施工单位，所以，在招投标谈判中首先需要确定中标单位具有合格的资质，特别需要关注的是资质取得的合法性，不是借用或挂靠而得来的，否则，很可能因为违法造成将来的合同无效。

(2)尽量选择信誉好、诚信度高，技术水平高且管理能力强、市场口碑好的投标企业。

目前，在建筑市场鱼目混珠的情况下，选择一个适格的投标单位应当首先确定把哪个标准放在第一位？从目前建筑市场产生的大量纠纷分析，选择信誉好、诚信度高的施工单位远比出价低的企业更靠谱，否则，不但工程的施工质量得不到保证，还会给自己惹来无穷的烦恼，比如：工期不断被推迟，采购的材料以次充好，工程量签证造假等，一旦施工企业缺乏诚信，带来的损失要远远大于招投标时的那点让利金额，此外，施工企业还会通过种种办法让业主不断提高建工成本。

（3）合适的性价比，即采用同样的价格、付出同样的成本可以获得工程质量合格或达标的工程。

在保证质量的前提下，实现最低价中标是每个中标单位所追求的，也是无可厚非的。而成本一方面在于合适的材料采购渠道，有竞争力的采购价格；另一方面也跟施工企业的管理水平、采用的先进技术密切相关，另外，还关乎企业的劳动力成本。根据《招标投标法》第 33 条之规定，“投标人不得以低于成本的报价竞标，也不得以他人名义投标或者以其他方式弄虚作假，骗取中标”。如果中标单位是以低于成本的报价竞标，有可能构成废标，所以，一旦投标企业的价格显著低于其他投标单位的报价，有必要要求其对于低成本提供合理的解释，防止废标的产生。

3. 招投标谈判中涉及的法律问题

招投标是一项重要的经济活动，目的是通过一定的程序帮助招标单位选择合适的中标方，为其提供工程建设或采购活动的供应。为了完成招投标，招投标单位双方都要付出很多的人力物力，有时因为招投标工程的复杂、技术难度高或投资规模巨大，双方付出的劳动及成本也是巨大的，为了防止招投标出现违法的操作而导致废标、争议或其他问题，从而导致无法实现招投标的目的，在招投标过程中的依法合规就显得尤为重要。

总体来说，在招投标谈判中以下问题的法律风险应当引起招投标双方的高度关注：

（1）招投标双方不得在招投标前开展实质性谈判

根据《招标投标法》第43条规定："在确定中标人前，招标人不得与投标人就投标价格、投标方案等实质性内容进行谈判。"目的是了防止招标人与投标人提前"暗箱操作"，这样的话招投标程序就形同虚设了，对于其他投标人来说也不公平，影响招标的公平性。

（2）"黑白合同"的法律风险

"黑白合同"是指在招投标程序后签订两份合同，将其中一份合同报建设主管部门备案，而私下签订的一份合同才是双方当事人真实履行的合同。一般而言，备案的合同是"白合同"，私下签订的合同是"黑合同"。

从法律上判断，"黑白合同"的做法规避了招投标程序，有违公平性，一旦被认定为"黑合同"，就可能要承担合同无效的法律后果，相应的权利和利益得不到法律保障。

（3）合同内容不得实质性背离中标通知

根据《招标投标法》第46条第1款规定："招标人和中标人应当自中标通知书发出之日起三十日内，按照招标文件和中标人的投标文件订立书面合同。招标人和中标人不得再行订立背离合同实质性内容的其他协议。"因此，在招标人发出中标通知后，招投标双方在后续的合同谈判中就必须受招投标文件实质性内容的约束，不得另行商定合同的实质性条款，否则，就是变相地利用招投标程序达到规避《招标投标法》的目的，而合同也因违反了法律强制性的规定而无效。

◎ 成套设备进口合同谈判

1. 成套设备及其合同概述

成套设备是指生产成品或半成品的工业联合装置，它可以是一个工段，一条生产线，一个车间或一个工厂；可以是某个单一的专项设备，也可以是数个专业的综合设备。正是由于成套设备的特性、成套设备合同的特性以及成套设备合同履行的特性共同决定了成套设备合同谈判的复杂性。

成套设备一般来说具有完整的生产能力，因此，技术上来说比单个设备更复杂、生产及操作的难度更大，而且价格昂贵，所以进口或采购成套设备不是一份简单的买卖合同，涉及采购、运输、保险、安装、调试及试运行、操作及维修、后期保养等一系列问题，所以，一份完整的成套设备进口合同涉及以上每个环节的方方面面。

根据《进口成套设备检验和监督管理实施细则》第 2 条规定“本细则所述的成套设备系指完整的生产线、成套装置设施（含工程项目和技术改造项目中的成套装置设施和与国产设备配套组成的成套设备中的进口关键设备）。”因此，成套设备本身就具有多重属性：

（1）系统性

成套设备进口后往往需要在国内组装或连接成一套系统使用。

（2）高技术性

成套设备往往具有较高的技术含量，一些尖端的成套设备往往只有少数的大国才能生产。

（3）多样性

成套设备包含的设备多种多样，从简单的机械设备，到电气设备、压力容器、计算机、实验室设备等均可能是成套设备的组成部分。

由于成套设备的以上特性，成套设备进口合同必然具有相当的复杂性。由于成套设备进口合同是对双方具有约束力的法律文件，必须对双方就生产、制造、交付、质量、运输、包装、调试、维修保养等所有细节上双方的权利义务作出明确的规定，而每一个具体的规定，都是双方利益的博弈，因此，成套设备进口合同的谈判必然是一个艰难而复杂的过程。

2. 成套设备进口合同条款谈判

成套设备进口合同谈判中，涵盖了从技术（转让、培训、服务等）、质量、规格、配套件、试车等技术条款，还包括商务条款，谈判主要内容包括以下几个方面：

（1）价格术语

不同的价格术语其交货地点、运输责任、风险转移点、保险购买及责任、报关手续及费用承担等都不一样。

如常用FOB、CFR、CIF，卖方的责任都是要在装运港把货物装上船，并以此作为风险转移点，但FOB是买方订舱并支付运费、保险费，CFR是卖方订舱并支付运费，CIF则是卖方订舱并支付运费、保险费。所以，每个价格术语其义务、责任都有较大的差别，作为进口方对此应当有充分的了解和判断。如FOB条件下，卖方没有义务向买方提供保险合同。但是当买方要求的时候，卖方必须向买方提供买方获得保险时所需要的信息，此时一切风险和费用（如果有的话）由买方承担。所谓必须，就是当买方要求时，卖方就有义务，而此时卖方的不作为就要承担相应的责任。所以，应在确定价格术语时对于费用和风险有充分的评估，以便作出正确的判断（见表7）。

表 7 《国际贸易术语解释通则》2020 年版流程

组别	术语	英文	中文名	交货地点	风险转移界限	签订运输合同及支付运费	保险责任及费用	出口报关责任及费用	进口报关责任及费用	适用运输方式	详细概念
F组	FOB	Free on Board	船上交货（指定装运港）	指定的装运港口	货物交到船上时	买方	买方	卖方	买方	海运或内河水运	指卖方以在指定装运港将货物装上买方指定的船舶或通过取得已交付至船上货物的方式交货
C组	CFR	Cost and Freight	成本加运费（指定目的港）	指定的装运港口	货物交到船上时	卖方	买方	卖方	买方	海运或内河水运	指卖方在船上交货或以取得已经这样交付的货物方式交货。CFR 价 =FOB 价 +F 运费
C组	CIF	Cost Insurance and Freight	成本、保险费加运费（指定目的港）	指定的装运港口	货物交到船上时	卖方	卖方（一切险，不包括除外责任）	卖方	买方	海运或内河水运	指在装运港当货物越过船舷时卖方即完场交货。CIF 价 =FOB 价 +I 保险费 +F 运费，俗称“到岸价”

（2）集装箱滞箱费的风险

集装箱滞箱费是为了保障集装箱的及时流转，避免集装箱的积压，提高集装箱的周转率以降低运输成本，集装箱拥有者为集装箱使用者规定的时限，每个船舶公司不同，一般为货物到港后 7~10 天，超出这个时限则需要额外支付定额费用，由船舶公司向收货人收取，少则每日几百元，多则每日上千甚至数千元，累计高达数万元的不在少数。

（3）港口的选择

由于成套设备的特殊性，不是所有的港口都适合装卸的，如果合同上写成 China Main Port 就等于把港口的选择权交给了卖方，增加了很多的不确定性，所以，最好明确具体的港口选择。

（4）单据递交时间

一般而言，通过海上运输都有一个大致的在途时间表，如来自欧洲的班轮大约 40 日抵达中国主要港口，美国到中国为 25~28 日，为了确保货物到港后可以及时凭单据提货，买方应要求卖方在会晤起运后 2 日内向银行递交单据。

（5）国内运输

在 CIF 条件下，卖方购买的保险是货物到港后跨过船舷位置，如果后续国内运输的保险没有明确，一旦产生责任事故就会成为双方争执的焦点，所以应当在合同谈判中予以明确，以完成后续运输途中保险的无缝衔接。另外，大型成套设备的运输比较专业，对于道路、桥梁、涵洞、运输车辆、限高等有特殊的要求，还需要及时向沿线的道路管理机构进行申请、报备，甚至需要申请警车开道。如果在合同谈判中没有考虑到这些因素，后续的麻烦无穷，必须在合同中对于双方的权责、费用予以明确约定。

（6）技术服务

大型成套设备往往技术含量复杂，需要卖方对于买方的操作人员进行技术操作培训、技术指导、技术服务等，买方也要相应地支付技术服务费，一般不包括在成套设备的价格中。

关于技术服务费。卖方提供的技术服务通常采用人日单价的报价方式，对于买方来说没有具体的时间计划表，往往安装调试工作还没有完成而技术服务费已支付完毕，建议在合同中明确技术付费包含的内容，采用单价和总价相结合的方式，设定支付上限。

关于技术服务费税收。《关于非贸易及部分资本项目项下售付汇提交税务凭证有关问题的通知》规定，境外企业、个人在我国境内直接从事建筑、安装、监督、施工、运输、装饰、维修、设计、调试、咨询、审计、培训、代理、管理、承包工程等活动所取得的收入，其中营业税及个人所得税的完税证明和税票由收入所在地主管地方税务局开具，企业所得税完税证明和税票由收入所在地主管国家税务局开具。上述所指“直接从事”，是指为履行合同或协议，境外企业或个人在我国境内或委托境内机构或个人在我国境内提供服务或劳务。买方应指明其支付的技术服务费已经包含了在我国境内应该支付的税款，同时卖方如不缴纳该项税款则买方有权代扣代缴。

除了以上的问题外，还应注意的问题包括罚则、不可抗力、违约责任、争议管辖、最大责任等，这些都是合同谈判及履行过程中应当高度关注的风险点。

◎ 政府招商引资项目合同谈判

招商引资活动是商务活动，政府在招商引资中的角色、定位和行为方式与政府承担的市场监管职责是否相适应，如何克减和消除招商引资中可能存在的法律风险，保障政府根据区域社会发展战略，以项目建设拉动经济增长、优化产业结构、消化就业压力，以推动区域经济社会全面协调和可持续发展目标的实现。

当前，地方政府作为经济发展过程中的主导性力量，将吸引和利用辖区外资金和技术来发展本地经济，以期推动地区经济社会的快速发展作为一项重要职能来履行。在利用外部资金和技术的工作中许多地方政府实际上是作为市场主体来进行招商引资并签署合同或协议，市场机制的作用并没有得到有效的发挥。如何保障政府行为的有效性和合法性，廓清政府与市场的边界，处理好公平与效率的关系寻找全面发展与可持续发展的钥匙，让政府的意志与市场之间保持必要的张力，使政府承担的任务与政府的行为方式相适应，是政府招商引资合同谈判及确定合同条款中需要重点考虑的因素。

政府作为招商引资中的合同主体，承担着两方面的角色，一方面是合同的一方，另一方面又具有对招商引资工作及其后期企业落地后管理的职能。这就决定了政府应该在两种角色中找到平衡，既要通过一定的优惠政策来吸引外域的资金和技术前来投资，完成招商引资的目标，又要保证政策的合法合规。

下面我们来看看招商引资合同谈判中存在的几个法律问题：

1. 招商合同中关于项目建设用地条款的法律问题

我国法律规定，城镇土地属于国家所有，集体土地属于农村集体组织所有、出让或征收征用土地资源，必须依照法定程序办理。目前存在的问题是一些招商引资合同在项目建设用地条款中，直接约定由投资方进行土地收购，违反了法律关于土地征收、征用主体的强制性规定，有的在土地出让中绕开招拍挂程序，以低价出让或者以先征后返、给予项目补贴等名义将土地出让给企业，减免土地出让金，还有在没有任何土地审批手续的情况下，以低价征收农民土地，然后将被征收土地以低价或零地价甚至负低价转让给企业，或者直接以土地换项目，来吸引投资、进行招商，不仅破坏了市场秩序，损害了国家利益、集体利益和农民利益，而且也为招商合同履行方式不合法而导致合同无效带来隐患，因此，在招商引资合同或协议的项目建设用地条款的约定上，必须严格按照《土地法》《行政许可法》《招标投标法》等法律规定的主体、条件、程序执行，通过招投标、拍卖等法定形式进行，以避免违法行为导致合同无效及其他争议的产生。

2. 违法给予优惠政策

土地是各地政府在招商引资中给予投资者的重要优惠政策之一，所采取的方式包括优惠地价，部分缴纳土地出让金后先使用后再补交等方式，实践中还出现了以下一些问题：

（1）土地出让价格违反相关规定。

针对不同项目，合同中的土地出让价格不一致，有些甚至违反了《协议出让国有土地使用权规定》对协议出让国有土地使用权最低价格的规定，该规定第5条明确规定："协议出让最低价不得低于新增建设用地的土地有偿使用费、征地（拆迁）补偿费用以及按照国家规定应当缴纳的有关税费之和；有基准地价的地区，协议出让最低价不得低于出让地块所在级别基准地价的70%。低于最低价时国有土地使用权不得出让。"

（2）财税优惠政策要符合国家政策导向。

地方政府之间的招商竞争，很大程度上是财税政策上的竞争。国家规定，对鼓励项目可实行"两免三减半"（新增企业两年内免税，后三年减半）的税收优惠政策，而许多地方政府则推出违背法定审批管理程序、不惜血本让税让利，承诺"五免五减"甚至"十免十减"的税收优惠政策，对企业上缴的增值税、营业税、所得税地方留成部分进行不同程度的税收返还，为招商对象提供了"超国民待遇"。虽然这种做法对招商项目更具吸引力，但地方政府是受国家宏观调控和监督的，这种明显突破法定职权和职责范围的优惠承诺，一经被查处或被制止和纠正，招商引资的项目就可能会被冻结或取消，外来投资者的预期利益无法实现，招商对象可能对由此产生的损失及预期利益提出索赔，一旦形成事实，政府可能会承担不利的法律后果。因此，在招商中制定税收优惠政策，要符合国家的税收政策导向，国家规定的权限、程序、范围和时限不可偏废，要考虑招商引资成本与产生的经济社会效益对等，尽可能用法定优惠替代行政优惠，坚决摒弃违反法律政策的招商。

税收优惠约定违反相关规定的做法主要有：

① 直接约定政府对投资方的税收进行减税、免税或退税；

② 约定投资方先依法缴纳税款，再由政府以财政补贴、财政支持、财政奖励等方式返还给投资方，依据《税收征收管理法》规定地方政府如无关于地方税收减征或免征的特别授权，其无权对地方税收的减征、免征与投资方进行约定，即使作出相应约定也因违反法律的强制性规定而无效。因此，无论政府如何变通，财政补贴、财政支持、财政奖励等方式的本质就是变相的减税、免税或退税，相应的约定皆因违反法律的强制性规定而无效。

3. 政府不能为项目建设提供保证或担保

招商引资中，一些地方政府为保证项目落地，对项目并购的收购资金或项目建设中的建设资金，用政府信誉、财政资金、国有资产等作担保，或以国有资本（产）经营权、收费权、股权做质押，违反了我国法律关于政府不得作担保的禁止性规定。根据相关法律规定，行政事业单位不得在经济往来中为他人提供担保保证，提供担保的一般为无效担保。但担保无效并不等于不承担法律责任，如果债权人无过错，担保人与债务人承担连带责任，债权人、担保人有过错的，担保人承担的经济责任不超过给债权人造成损失的 50%，故此，地方政府不得在任何情况下为经济合作提供任何形式的担保保证。

政府作为国家公权力的代表，履行着管理社会、发展经济的职能，在国家越来越强调依法行政的形势下，在招商引资活动中是否合法依规，也是评价政府及其负责人的一项重要指标，不能单纯为了推动地方经济发展就在招商引资中随意许诺无法兑现的优惠政策，有的甚至是违法的优惠政策，否则，轻则影响政府的形象，丧失政府的公信力，重则引起纠纷和争议，导致最终诉诸司法途径解决，判决政府承担赔偿损失的责任。因此，在政府对外的招商引资合同谈判中，尤其应当注意优惠政策的合法性，在充分了解法律规定的情况下，在自身可以掌握的尺度内给予企业优惠，这样才能保证政策的连续性和招商引资的持续效果。

◎ 公司设立时股权结构与控制权问题谈判

为了实现某个商业目的开展经营，需要设立公司来实现股东的计划。

有人认为设立公司是一项很简单的工作，主要取决于是否有合适的可以盈利的项目或经营产品，由于现在对于注册资本实行认缴制替代了原来的实缴制，也不需要很大的资金来满足注册资本的需要，至于公司章程网上都有现成的，可以根据自己的需要下载一份即可，然后剩下的就是起个公司名称、走流程了。

笔者作为专业的公司法律师，在长期处理大量公司股东争议过程中发现，由于很多设立公司的股东在设立公司之初都是抱着以上的心理，对于设立公司过程中的很多问题根本不重视，如股权结构、公司章程及其涉及的权力分配、亏损处理、增资、公司控制权、股权激励、股东争议解决等事关公司的重大问题不予重视，待到一旦问题发生，各方股东都从自己利益最大化的角度出发考虑问题，造成各种矛盾纷呈，常常到了剑拔弩张的地步，最后不得不通过诉讼来解决，利益受损最大的还是股东们，可见，在设立公司时对于公司今后可能涉及的诸多重要问题形成明确的意见和制度安排是非常重要的，而这一切都是要通过谈判来实现的，因为这也是大小股东之间利益博弈的结果。

在设立公司时，对于股权结构与控制权问题应当引起高度的重视；如果存在不同的意见，则需要通过股东之间的谈判、协调来取得共识。

股权结构就是各位股东在公司中占有股份的比例分配，一般来说，股权代表着投资者对公司享有的财产分配权利，同时也是投资者参与公司决策的基础。在形式上，拥有股权的多少决定投资者可以按照多大比例分享投资收益、对公司经营施加影响力。可以说，股权结构安排既是“经济基础”也是“上层建筑”。

对于创始股东而言，尤其是创始的大股东，无论在资源、专业层面还是在企业家精神层面，他们对企业控制权的把握往往能够对企业产生积极且一以贯之的影响，也应确保其在公司的发展中获得利益的最大化。纵观当代国内发展迅速并且稳定的企业，远如国美电器，近如阿里巴巴、京东，无不由创始人、大股东牢牢掌握公司控制权，即便最终企业上市成为公众公司，基于特殊的股权结构设计，创始人仍然对企业发挥着决定性影响；那些创始人在控制权角逐中失利的案例，如俏江南、万科、雷士照明等，同样能够在公司股权结构安排中找到原因。企业家以及企业家精神是推动市场有序进行、形成有效市场的核心驱动力。保护创始人对公司的控制权既应当是公司法股权制度安排的题中应有之义，也应当是企业家在创建企业之时就需要予以审慎对待的重要问题。不同的股权结构安排会对公司带来怎样的影响？如何通过合理的股权结构设计保持企业家对企业的控制？

股权是一种综合性权利，是多种股东权利的集合体，对股权进行分配设计，实质上就是处理“人和钱”的关系。如何设计合理的股权结构保证创始人对公司的控制权、支配权？

首先，在创业之初，创业者要给初创公司一个定位，比如，公司的主营业务是什么？什么是构成公司核心竞争力和将来可持续发展的动力？公司应当采取怎样的经营模式？未来5~10年的发展规划如何？公司的股权结构设计和股权比例分配必须考虑到以上这些因素，只有适合公司需要的股权设计才是最好的。从理论角度，我们可以把股东入股类型细分为资金股、技术股、能力股、资源股等。如果一家公司属于技术驱动型，那么，在控股股东不是技术股和能力股的情况下，一方面可以考虑把注册股优先分配给技术股和能力股，另一方面可以选择弱化资金股的表决权。因为，对于技术驱动型公司，技术股东的积极性无疑会对公司未来发展产生较大的影响，在公司建立初期给予技术股东更多确切的股权更容易实现公司发展目标。

其次，不同类型的股东诉求不同。从宏观层面看，组成公司早期人员结构的主要有四类人：创始人、合伙人、核心员工和投资人。于创始人而言，他们对所创办企业的心理定位非常明确，认为自己是企业的主人，而引进的投资方则是资本提供者或经济利益获取者，创始人最需要的就是把握企业的控制权；于作为公司所有者之一的合伙人而言，他们希望在公司有一定的参与权与话语权，伴随公司成长，获取公司成长的红利；从投资人的维度看，他们追求高净值回报，对于优质项目他们的诉求是快速进入和快速退出，所以，一定程度上要求优先清算权和优先认购权；至于核心员工，一般来说就是要求获取不断上涨的报酬和分红的权利。

从微观层面看，股权中最为重要的两项权利就是表决权与分红权，这两者的分配会对两个根本性问题——创始人对公司的控制和获得巨大经济回报，产生最直接的影响。分红权对应的是回报，一般体现在公司对员工进行股权激励等股权分配策略中；表决权对应的是控制，囊括创始人、合伙人及投资人三个群体。分红权可以脱离表决权而存在，这也是为什么实践中公司在实施股权激励时，激励对象仅拥有分红权而不享有决策权。表决权则体现了股权的核心权能，决定着股东对公司的控制程度。创始人、合伙人和投资人一般都享有表决权，即对公司决策的干预。在企业初创阶段，股东人数少、股权结构简单，创始人对公司的影响简单而且直接；但随着企业不断发展壮大，频繁引入投资者，创始人股权必然被稀释，不合理的股权结构，企业决策受到多方博弈影响，创始人对企业的控制力削弱，严重时将导致公司僵局、创始股东被排挤，甚至引发投资纠纷。

与股份有限公司不同，有限责任公司股东持有的股权多少与他掌握的控制权并非当然对等。若公司采用“同股同权”的模式，依据我国《公司法》对股东决议的相关规定，股东所持股比对应权利梯度如表 8 所示：

表 8　股东持股比对应权利梯度

股权比例	对应权利
67%	绝对控制权（有权修改公司章程、增资扩股）
51%	相对控制权（对重大决策进行表决控制）
34%	否决权（可直接否决股东会决策）
10%	有权申请公司司法解散

采用“同股同权”便意味着股东股份占有越多相对应获得的话语权越大，然而一定程度上更容易引起出资和贡献不对等的纠纷。现行公司法框架下，有限公司一个重要优势在于股东可以在章程中明确约定同股不同权，即股东可以不按照出资比例行使表决权。这为创始人通过合理安排股权结构，实现在不同时期保持对企业的控制提供了巨大空间。

公司设立谈判总体来说要把握以下几个要点：

1. 确保创始股东的控制权

如果创始股东出资充分完全可以达到绝对控制公司的程度，则获取公司控制权完全没有问题；但如果创始股东出资不足以占有公司绝对多数股份甚至是相对多数股份时，或者经过多轮股权稀释后创始股东所占股权比例不足以控制公司时，则可以通过预先的制度安排以确保创始股东的控制权，如由创始股东另行设立有限合伙作为股东入股（创始股东作为 GP）、职工持股会、一致行动协议、委托表决、让有些股东放弃表决权等各种方式以确保创始股东维持对公司的控制权，这些都是公司设立之初需要通过股东之间的谈判来确定的，是大股东尤其需要关注的焦点问题，否则就会为日后公司控制权纷争埋下伏笔。

（1）把握控制公司董事会这一首要原则。两权分离状态下的现代企业已经从“股东会中心主义”过渡到“董事会中心主义”。尽管股东会仍然是公司的最高权力机构，但实际掌握公司日常重要事项决策的是董事会。当企业在初创期，不设董事会而只设一名执行董事，那么创始人直接担任执行董事则可以保证对公司的控制。随着公司规模不断发展壮大，董事会的人数也随之增长，创始股东应保证有权提名董事会 1/2 以上的董事席位。在引入外部投资者时，适当赋予其董事提名资格能够合理配置资源，提升决策实效，但不能逾越 1/2 的红线。创始股东控制了董事会，就意味着控制了公司经营层，对公司的控制权牢牢在握。尤其需要注意，对于外部投资者提名的董事，需要审慎赋予其一票否决权。一旦该提名董事有权一票否决董事会决议，尽管创始股东拥有多数董事席位，其控制权也已经名存实亡。

（2）同股不必同权。基于有限公司的人合性与资合性的特点，我国《公司法》第 42 条、第 34 条赋予了股东通过约定改变决策权比例和分红权比例的权利，这种双重股权架构，在美国被称为“AB 股计划”，即按照每股拥有的表决权大小，将普通股划分为 A、B 股两类。A 股为普通股，一般由机构投资人与公众股东持有，实行一股一票；B 股为特别股，由创业团队持有，拥有 A 股数倍的表决权。比如，京东模式，早在 2016 年，腾讯就已经持有京东 18% 的股权，但只拥有 4.2% 的投票权；而刘强东通过 Max Smart Limited 持有京东 16.2% 的股权，却拥有 80.9% 的投票权。因此，即便腾讯超过刘强东成为京东第一大股东，后者仍然牢牢掌握着京东的控制权。我国《公司法》框架下对有限公司股权与决策权分配机制的规定，恰恰赋予了有限公司股东灵活设置同股不同权的权利，投资者应善用该规则，在企业发展不同阶段，对决策权作出恰当安排。

（3）善用一票否决权。创始人股东可以通过协议和章程，保留对重大决策事项的一票否决权。典型案例如国美电器，黄光裕家族掌握 31% 的股份，处于绝对控股地位，当陈晓引入贝恩资本对黄光裕家族股权进行稀释之时，黄光裕家族借着章程中规定的一票否决权否决了董事会的决议，把握住公司的控制权。可见，创始人完全可以在章程中规定，对于诸如引入外部投资、对外进行重大投资、对外担保、公司合并、增加或减少注册资本的重要事项上拥有一票否决权来实现对公司的控制，即便创始人股东无法阻止特别多数决议，仍然可以对公司施加重要影响。

（4）合理选用合伙人模式。这里所谓的“合伙人”不是法律上的“合伙人”，不承担连带责任。这种模式让股东不直接持有股权，而是把股东都放在一个有限合伙企业里面，创始人担任有限合伙的普通合伙人（GP），其他股东为有限合伙人（LP），按照法律规定，有限合伙企业的 LP 不参与企业管理。通过公司章程赋予合伙人提名半数以上董事会成员的权利，无论企业在融资过程中有多少新股东加入，都无法对创始人的控制权产生影响。

（5）适时利用一致行动人协议。通过协议约定，某些股东就特定事项采取一致行动。意见不一致时，某些股东跟随一致行动人投票。

2. 维护中小股东的代表权和合法利益，确保在涉及其自身利益上的否决权

从中小股东角度出发，必须在公司的董事会有自己的代言人，或者共同的代言人，确保对于有代表能满足其对于公司经营的知情权，并在涉及自身利益的问题上享有否决权，对大股东形成制衡。

3. 维护董事会的经营权

虽然股东会是公司最高决策机构，但作为公司的经营机构——董事会的权力和日常经营决策必须得到尊重和贯彻执行，这也是公司正常运作所必需的；很多企业形成僵局首先就是因为在董事会层面上存在结构性问题。

另外，在“对赌协议”中慎用股权对赌。创始人股东签署对赌协议应建立在对公司经营业绩合理预判并留有余地的基础之上，如果补偿条款涉及股权对赌补偿，一旦经营业绩无法达成时，创始人股东需要进一步出让手中的股权，外部投资者的股权比例进一步增高，完全有可能导致丧失控制权，甚至被踢出公司董事会。在对赌条款中，如果选用股权补偿，建议设置外部投资者股比上限，并且建立博弈磋商机制，在已经预期无法完成业绩目标时，由创始股东与外部投资者协议终止对赌等等。

◎ 股权并购谈判

企业并购是一家企业对另一家企业的股权进行收购。企业并购是一项复杂的经济活动，涉及对企业全面了解后才能确定是否需要开展并购、是否符合并购的目的，以及对并购对象如何进行准确的估值等等问题（见图 5）。

图 5　企业并购经历阶段示意

从以上可以看出，除了第一步是并购方单方的行为以外，其余每个步骤都涉及需要跟股权所有人或并购对象进行交涉、沟通与谈判，因此，谈判的过程贯穿于整个并购的操作过程中，而谈判的目的一方面是解决并购方对于并购对象信息不对称的问题，另一方面借以确定并购的条件、价格及责任、风险问题。

以下就企业并购谈判中的重要问题进行分析：

1. 关于尽职调查

股权并购中法律尽职调查和财务尽职调查是必不可少的，目的就是解决并购方信息不对称的问题。尽职调查首先应反映并购方的并购目的、诉求，并购方最关心的核心问题，如并购对象的资产、高新技术、知识产权等如何取得，是否合法取得，是否存在瑕疵等，需要双方沟通后确定。另外，尽职调查需要获得并购对象的配合，因此，需要并购方从中协调、斡旋，如果得不到并购方的配合，尽调律师“难为无米之炊”。所以，这时并购律师需要跟自己的委托人、并购对象开展沟通与谈判，既要圆满完成委托的任务，又要对无法完成的工作作出合理的解释，规避相应的法律风险。

2. 关于或然负债

在并购中最大的风险就是或然负债问题，包括但不限于民间借贷、侵权、担保等，这些或然的负债无法通过外部的查询方式掌握或者穷尽，因此，往往成为并购中财务上的“地雷”，特别是受让方、并购对象不予配合或故意隐瞒的情况下很难了解其中真实的情况，为此，我们往往只能通过由股权出让方提供承诺、担保的方式来锁定其责任，以确保一旦查证属实后有人承担责任，避免并购的损失和风险。

3. 关于注册资本

注册资本是股东对公司的出资额，在公司设立后其意义仅在于核定股东责任的限额和根据资本充实原则在公司有亏损的情况下限制股东分配利润。在目前认缴制的法律规定下，标明的注册资本股东不一定一次出资到位，有可能分期出资，也有可能在未来某个时间点以前出资，但在股权收购时必须弄清楚注册资本出资约定及其真实出资情况，否则，在公司注册资本加速到期的情况下，未足额出资的股东都要对此承担连带责任。在谈判过程中，律师应当明确注册资本未出资到位、未足额出资的相应法律后果，并对此作出适当的安排，以规避未来可能的法律风险。

4. 关于企业账外走账的问题

资金及流水可以反映一个企业的采购、销售及借款等的往来情况，笔者曾在为一家并购目标企业作尽职调查时发现该企业存在大量的账外走账的情况，通过企业老板及其家人的多张借记卡走账高达数百万元，据称是从亲戚朋友处借款用于企业的流动资金，但数额却无法准确地对上，为此，我们跟委托人一起向目标企业负责人求证，要求其对每一笔的资金往来进行说明，这样才能帮助财务人员还原公司财务及资金流水的真实情况，从而帮助判断企业借款、业务往来的情况。

常见争议解决谈判

◎ 催收货款

催收货款是企业经营中经常遇到的问题，双方明明有合同明确约定的付款日期，但当一方履行义务完毕后，另一方并没有按照合同的约定准时付款，此时就产生了催收货款的问题。

催收货款对于不同的企业、不同的对象效果不同，不同的催收手段或方法也会产生不同的效果。总而言之，催收货款是通过诉讼途径解决货款前必经的一个程序，绝大部分的企业不会因为对方不按时付款就直接走到诉讼这一步，所以，催收货款过程中交涉、磋商、谈判也是一门重要的功课，如何催收货款能达到预期的效果？万一催收不成功如何为后续的诉讼留下足够的证据？

示例 5：及时磋商、补足证据成功催收货款

2019 年，笔者的法律顾问 A 公司向一家内蒙古的国企 B 公司销售了一批光伏产品，但在支付了部分货款后还剩余 800 多万元迟迟没有付讫，为此，笔者在审阅了 A 公司提供的初步证据：合同、收货记录、双方来往的邮件后，跟 A 公司的业务经理、财务人员及负责人进行了进一步的交流。通过交流，了解到了关于本次交易的几个情况：

首先，A 公司本次交易给对方所发的货物全部与合同约定的规格不符，指标低，价格也低，所以，与合同约定的规格差价就有五六百万元之巨，发电量从长期来看肯定小很多，但两者用起来并没有明显的差别。

其次，交货过程中交货证据、对方接收货物的证据欠缺，没有对方盖章或负责人签名的收货证据，一旦诉讼，对方不承认已收货则我方难以证明已履约，存在约定的风险。

这样看来，贸然诉讼对于A公司将面临巨大的风险，经过磋商，我们决定先一同奔赴内蒙古B公司当面催收货款，看看情况再说。

途中，笔者先通过沟通了解了双方之间交易的背景及过程情况，据企业负责人介绍，到了呼和浩特将有一位中间人跟我们一起前往欠款企业催收货款，他跟企业负责人很熟，这笔业务就是通过他介绍达成的，抵达目的地以后，笔者先跟这位中间人了解了一番情况。

次日早上，我们就直奔B公司办公室，公司总经理接待了我们，在会议室向我们介绍公司当前的情况，主要有以下几点：

(1)公司正常经营，但一些资金还没有及时回笼，得等几个月，一旦回笼足够支付我们的货款。

(2)公司由于前期忙于上市，结果在此过程中由于存在一些违规操作被人举报，目前董事长已经被关进去了，纪委还在公司办案，所以公司处于非常时期。

(3)如果你们等不及要起诉，则请便，但你们起诉了也要一个过程，至少半年时间左右才会有结果，不如等一下，也就3个月左右时间我们会有货款回笼，保证到时付清。

(4)由于公司处于非常时期，对于任何事情都比较小心谨慎，不可能给你们出具任何书面的承诺或保证书之类的文字东西。

总经理倒是很开诚布公，一下子把我们想要问的情况全部说了，但把我们的退路也堵死了，对此，我们经过商量做了如下的分析：

（1）综上所述，贸然起诉我们存在先天的风险；

（2）通过网络查询、中间人的情况介绍，包括实地考察，我们认为企业是内蒙古的国企，目前一直处于正常经营状态，货款回收应该没有大的风险，只是时间的早晚是否认真对待及优先保证支付的问题。

为此，我们商量了一下，也表达了以下的几点意见：

（1）我方已全部履行了交货义务，至今付款已经晚了3个多月了，而且金额比较大，希望能尽快付清余款，否则，对我公司的经营会产生较大的不利影响。

（2）对于公司董事长的情况表示理解。

（3）上门来催收付款，一则公司比较重视，二则希望贵司予以高度关注，尽快按约付清尾款，以利于双方今后的合作。

（4）后续希望每周能及时反馈贵司资金回笼的信息，也好向我们公司负责人反馈。

另外，通过此次实地访问与交涉，我们也同时补足了合同履行过程中A公司缺失的已交货的证据，对对方总经理的陈述特别是其中承诺的内容进行了录音，补强了一旦起诉的证据链。我们本着实事求是的精神，在充分把握了回款根本性风险的基础上，给予对方足够的信任，同时适时加压，以保证货款的尽快回笼，而后来的事实也证明了对方确实在近3个月后付清了所有剩余的货款，兑现了诺言。

◎ 劳资纠纷谈判

劳资纠纷也称为“劳动争议”，是指员工与用人单位之间由于种种利益冲突而发生的纠纷。按照《中华人民共和国企业劳动争议处理条例》第2条的规定：企业与劳动者之间的纠纷主要有以下几类：

（1）因企业开除、除名、辞退职工和职工辞职、自动离职发生的争议；

（2）因执行国家有关工资、保险、福利、培训、劳动保护的规定发生的争议；

（3）因履行劳动合同发生的争议；

（4）法律、法规规定应当依属照本条例处理的其他劳动争议。

劳资纠纷是每一个企事业单位、机构及社会组织等用人单位都必须面对的问题。在现代的企业管理中，由于员工与企业双方的价值观不对等、诉求的不一致，或者部分企业违规操作、不遵守法律法规，或部分员工钻企业规章制度的漏洞等多种原因，时常会爆发劳资纠纷。一旦处理不当，往往会给企业带来意想不到的诉讼麻烦，甚至严重影响到企业的形象和发展，因此，劳资纠纷也成了企业人力资源部门最棘手的问题之一。

劳资纠纷处理的难点在于它的示范效应。企业如果管理不规范，一旦企业经营出现问题，不是查找原因予以改正，而是动辄解除劳动合同以节省成本；或者老板看不惯员工的举动，不满意员工的工作态度，就随意解除员工的劳动合同，解除劳动合同时不按照法律法规和双方劳动合同的约定给予足额的补偿，这样也就会给其他在职员工造成不良影响，这样对于企业的发展极为不利，所以，企业在处理劳资纠纷的时候必须综合考虑这些因素，不得任意妄为。

☞示例6：律师各方考量调解解决劳资纠纷

笔者曾在2011年期间帮助一家外资企业处理其在厦门的一家子公司的劳资纠纷。公司的一名女性财务经理陈某在休假期间被人举报存在财务不清的情况，为此，公司派了一名财务经理刘某前去核查情况，结果一查发现了很多问题，一些资金去向不明，用途填得很随意，审批手续很多也是后补的，涉及的金额近百万，种种迹象表明陈某有挪用甚至侵占公司资金的嫌疑。为此，刘某代表公司跟陈某谈过几次话，陈某坚称自己没有拿过公司一分钱，很多钱都是根据公司的要求用于走关系了，涉及公司项目在当地审批的多个环节、部门和相关人员，因为涉及违法问题，无法披露这些送礼的具体情况，企图用这个方法蒙混过关。在再三交涉无果的情况下，公司找到了笔者，要求律师出面解决问题。

在处理这个问题之前，笔者先向公司的知情人员详细了解了有关情况及背景，搜集了相关的证据，初步了解情况如下：

（1）公司确实曾经要求其作为财务经理私下经手了很多送礼的事宜，由于涉嫌违法，没有其他人参与，也没有明确的账目，这就给了她可乘之机。

（2）公司给她的待遇不错，她还想继续在公司任职。

（3）目前处于怀孕和休假状态。

（4）送礼的钱款一些有发票，有些没有。发票中显示其曾购买了单价6000元一斤的金骏眉和单价4000元一斤的银骏眉，来自三家不同的商店。

为此，笔者在公司人力资源负责人陪同下，分别走访了这三家商店了解情况。第一家商店是销售金骏眉的，但他们没有发票上显示的一次性卖过3斤以上的数量，显然与发票显示的情况不符。第二家商店不销售金骏眉、银骏眉，所以跟发票根本对不上号，而第三家听了我们的来历拒绝就发票的情况作出说明，干脆三缄其口。通过以上走访，我们基本掌握了一些肯定的情况，陈某的说法肯定有问题。

在次日跟陈某的谈判中，笔者首先要求其对担任公司财务经理期间的财务上存在的账款不符的情况作出说明，给予其充分的陈述时间，然后针对其中很多没有发票、钱款去向不明的情况要求其作出说明，陈某虽然明知自己理亏，还是反复强调那些钱款已经送人了，也没人会同意打收条留下把柄。为此，笔者向其解释了法律上的评价，这些钱都是通过陈某经手的，没有任何证据证明其按照公司指示的用途，从法律上完全可以认定为陈某侵占，二三十万元的数额已经足以构成职务侵占犯罪。看陈某还在狡辩，笔者明确告诉她本人已经走访、核实过购买茶叶的三家商店了，根本没有采购过所谓的金骏眉、银骏眉，发票全部是虚假的，没有真实的交易背景，其行为已经构成职务侵占罪，证据确凿，不容抵赖。此时，陈某突然哭了起来，一副追悔莫及的样子。由于根据公司负责人所说，在公司项目之初确实委托陈某送礼，一旦曝光会牵涉到很多人，所以只能通过谈判解决。因此，笔者乘胜追击，既表达了对陈某遭遇的同情，也从法律后果上帮助其分析了严重性，一旦公司较真起来，追究到底也免不了严重后果，最终成功说服了陈某退回了近30万元茶叶款，同时自己主动向公司提出辞职，放弃向公司追要经济补偿的要求，从而妥善解决了这一棘手的劳资纠纷。

涉外合同争议解决谈判

涉外的合同争议主要包括货物进出口合同、知识产权许可及合作开发合同、跨境投资并购合同、国际工程承包合同、跨境融资合同等合同履行过程中的争议解决谈判。

由于笔者曾在世界500强企业从事贸易工作前后近十年，处理过大量的贸易争议和纠纷，笔者当时主要从事的是化工原料、塑料等基础化学品的大宗交易，而从事这方面贸易的企业也大都是老客户，彼此间长期合作，因此，当发生行情波动、交货期延迟而给一方造成损失时，往往会采取协商、谈判的方式解决双方的分歧和争议。

在笔者从事律师这些年，处理了很多国际贸易纠纷，涉及的品种也是种类繁多，琳琅满目。由于合同双方地域跨度大，交货涉及的环节多，费用、风险及不确定性也大大增加，造成涉外合同履行过程中争议颇多。对于很多合同履行过程中出现的问题，当事人双方首先都会考虑通过磋商、谈判的方式协调彼此的立场，找到一个妥善的解决方案，实在无法解决或损失太大时才会考虑通过仲裁、诉讼的方式解决，所以，在涉外合同争议解决中谈判一般都是前置程序，通过磋商、谈判解决了大部分的涉外合同争议。而随着《新加坡调解公约》在2019年8月7日开放签字以后，调解作为有第三方介入的一种谈判方式，也在涉外合同争议的解决中发挥着越来越重要的作用。

参与涉外合同争议解决一般的步骤如下：

(1)应当全面审阅、熟悉合同条款，了解一方或双方违约的情况。尤其是关注合同中双方权利义务的履行情况、时间节点、违约情况，以便评判违约程度如何？给对方造成了多大的损失？该承担什么样的违约责任？

(2)按时间顺序审阅双方全部来往的函件、短信、微信，了解双方履约、沟通、交涉的过程，从中筛选出有用的信息，以完善证据链。

(3)了解一方或双方对于对方违约的诉求如何？依据是什么？是否公平合理？对方的反馈如何？

(4)争议管辖如何约定？诉诸仲裁或诉讼的时间及费用如何？成功的把握有多大？掌握可以获得的证据有多少？构成一个完整的证据链以支持我方的诉求还欠缺哪些证据？

争议管辖的约定，会涉及采取何种方式救济以及救济的成本、风险、胜负的可能性，还有后续执行的难度与成本。

如果合同中规定了仲裁条款，先要判断是否明确了仲裁机构及地点，否则有可能是无效的仲裁条款；如果同时选择了仲裁和法院管辖，则仲裁条款无效；如果合同没有选择适用法律，且也没有排除《联合国国际货物销售合同公约》(CISG)的适用,则仲裁机构将优先选择适用CISG,至少对于双方都是公平的,以便于双方对于裁判结果作出适当的预测和判断。

(5)对后续双方合作的影响有多大?能否找到替代的客户和替代的货源?

(6)涉及本案的相关法律规定,包括但不限于国内法、国际公约、双边条约及国际惯例等。

在此基础上,应先召集业务员、业务部门负责人、财务及法务人员开展讨论,穷尽各方的意见及想法,防止对于履约过程及交涉过程信息遗漏。

同时,一旦双方在履约中发生争议,就应当按照仲裁或诉讼的套路搜集、固定证据,完善证据链以支持我方诉求,即使是谈判也要做到有理有据,而不是互相扯皮、抬杠,无理由地讨价还价。所谓“不战而屈人之兵”,就是指在合同争议解决的谈判中,如果掌握了充分的证据能够支持合理的诉求,对方一般也会认可,而不一定非要通过司法裁判。

律师参与谈判的意义

律师作为法律服务提供者,熟悉法律的规定,长期的诉讼、非诉业务经验帮助律师在谈判中准确地把握方向,预测和发现法律风险所在,而且,律师作为没有直接利害关系的第三方,容易在谈判中保持清醒的头脑、理性的态度、独立的地位,更加客观地看待问题、处理问题,律师参与谈判在很多方面比当事人更具优势,所以,律师经常作为谈判团队的法律专家参与谈判,或者作为独立的第三方参与调解、斡旋。律师参与谈判有两种方式:一种是接受一当事人的委托作为其代理人参与谈判,其所代表的是一方当事人的利益;另一种是律师作为中间人,又称“调解人”、

“调停人”或“斡旋者”参与谈判，对当事人双方的纠纷进行利害关系和法律后果分析，提出合理、公平的解决方案和建议，促进双方谈判取得进展。

首先，律师作为代理人参与谈判必须明确自己的角色定位。律师在谈判中是作为法律专家身份出现，本身跟谈判所涉及的主题没有直接的利害关系，所以，律师不应该情绪化，应当准确把握自己的角色定位，帮助自己的委托人判断和把握风险，争取委托人利益的最大化。

其次，律师参与谈判应当发挥自己在法律知识、经验方面的优势，在谈判过程中不断提出自己的专业意见和专业判断，或者根据委托人的要求提出自己的专业意见，为委托人决策提供参考依据。

最后，律师作为代理人参与谈判应当有合法的委托手续。律师参与谈判，代表的是委托人的利益，其后果由委托人承担，所以必须保证其合法性，没有委托手续和明确的授权，律师参与谈判的正当性、合法性就会受到质疑，甚至不被准许参与，对于这点，笔者也是受过亲身教训的。

律师参与谈判有着非常重要的作用和现实意义：

（1）律师丰富的法律知识和经验帮助委托人对案情法律风险及后果作出准确的评估。

（2）律师参与谈判有助于全面了解案情，发现问题，找出双方存在的问题，以便为后续采取的救济措施提前准备和收集证据。

（3）律师参与谈判有利于提高谈判的效率。

示例 7：医院拖欠设备款，一次谈判后起诉立竿见影

2001 年，笔者从事律师工作不久，接受当事人的委托向阜宁市某人民医院催收设备货款，本金有 30 多万元、利息七八万元。公司负责人告诉笔者，他们的业务员为此已经在两年中跑了不下十趟了，但还是没有

结果。笔者在次日即前往该医院找到了当时的院长，院长得知笔者来意后跟笔者在会议室进行商谈，笔者根据委托人的授权，明确告诉院长欠款已近两年，希望贵院能立即支付；如果能一次性付清，可以考虑减免部分罚息。但院长找了一大堆理由说医院资金紧张，提出了要求分5年按月支付的方式还款，笔者当即就予以否决了，并表示得到的授权最多分一年按月支付，而且罚息只能部分减免，结果谈了两小时最终还是没能达成协议，笔者当即表态，如果谈不拢回去马上就起诉，而且会申请查封冻结医院账号，因为笔者知道该医院是国企，每月账户上都要发工资，一旦被查封对医院来说就无法正常运营，后果无法承受。果然，笔者起诉后一周左右，院长带着书记和采购部门负责人立即赶来南京与当事人协商货款问题，见对方态度诚恳，当事人也是表示出大度，当即同意了对方分一年按月付清并免除了全部罚息，妥善解决了拖欠近2年的货款拖欠问题。

示例8：中国律师参与境外投资纠纷争议解决

2015年，常州一家企业在美国与一家美国的公司共同投资设立了一家合资企业，根据合资协议，项目总投资为1.25亿美元，双方约定由美国公司以现金出资9000万美元，占股60%，中方以技术和品牌出资，占股40%，另约定，中方在北美独家许可合资公司使用其技术和品牌，中方不得和任何其他公司开展合作，许可第三方使用其品牌。

但仅合作了两年，双方就开始产生矛盾，美方公司在首期出资2500万美元后再也没有完成后续的出资，公司经营状况不佳持续亏损，而中方公司一看情况不妙，又在美国另行设立了公司欲生产、经营同样的产品且使用同样的品牌。双方互有违约，由此而导致了后来不断地协商、索赔，双方各自聘请了美国的律师，中方聘请了美国前十大律所的律师（采用计时的方式支付律师费)，开展与美方公司的谈判。在长达两年多的沟通、谈判过程中，中方为此支付了两三百万元的律师费，但似乎没有取得什么实质性的进展。笔者在接受中方公司的委托后，首先仔细审阅了双方之间的合资协议、品牌许可协议等法律文件，又仔细审阅双方数百份的来往邮件，从必要性、合理性及节省成本的角度，帮助中方与其聘请的美方律师展开谈判，特别是对于合资协议中争议解决条款的理解与适用，双方进行了磋商与谈判。首先，我们来看一下合资协议中争议解决条款的规定：

Article 19: Settlement of Disputes

19.1 Where a dispute arises between the Parties concerning this Joint Venture Agreement, the complaining Party must set out in a written notice the nature of the dispute and deliver the notice to the other Party.Both Parties must make a good faith effort to resolve the dispute.If the Parties are unable to resolve the dispute within sixty (60) days, the dispute will be referred to non-binding mediation to be held in Houston, Texas.The mediator will be recognized by the Texas State Bar Association as a recognized mediator and agreed upon by both parties.The language of the mediation will be in English. If the mediation is unsuccessful, then the Parties may pursue their remedies available under this Agreement.

19.1 双方如果因本合资协议发生争议，投诉方必须在书面通知中说明争议的性质，并将通知交付给另一方。双方必须真诚努力地解决争端。如果双方无法在六十(60)天内解决争议，争议将提交在得克萨斯州休斯顿举行的不具约束力的调解。调解人将被得克萨斯州律师协会承认为公认的调解人，并经双方同意。调解的语言是英语。如果调解不成功，双方可寻求本协定规定的救济办法。

19.2 If it proves impossible to settle disputes within mediation and legal proceedings appear unavoidable, the Parties hereby agree to establish a Dispute Review Board(DRB)to be conducted in Hong Kong in accordance with the Dispute Board Rules of the International Chamber of Commerce, which are incorporated herein by reference.The DRB shall have three members appointed pursuant to the Rules: one of which will be a Chinese National, one of which will be an American National, and one of which will be a non-Chinese and non-American National.

19.2 如果证明无法在调解中解决争议、法律程序不可避免，双方在此同意设立一个争议审查委员会（DRB），根据《国际商会争议委员会规则》(《争议委员会规则》)在香港地区进行，该规则在本文中作了参考。根据《规则》任命三名成员：其中一名为中国公民，一名为美国公民，还有一名为非中国公民和非美国公民。

19.3 All disputes arising out of or in connection with this Joint Venture Agreement(but not the ancillary exhibit agreements)shall be submitted, in the first instance, to the DRB in accordance with the Rules.For any given dispute, the DRB shall issue a Recommendation in accordance with the Rules.

19.3 因本合资协议引起或与本合资协议有关的所有争议（但不是附属展览协议），首先应按照规则提交给DRB。对于任何特定的争议，DRB应根据规则发布建议。

19.4 If any Party fails to comply with a Recommendation when required to do so pursuant to the Rules, the other Party may refer the failure itself to Arbitration under the Rules of Arbitration of the International Chamber of Commerce by one or more arbitrators appointed in accordance with the said Rules of Arbitration.

19.4 如果任何一方未能按照《规则》的要求遵守建议，另一方可根据《国际商会仲裁规则》指定的一名或多名仲裁员将不遵守的建议提交仲裁。

19.5 1f any Party sends a written notice to the other Party and the DRB expressing its dissatisfaction with a Recommendation, as provided in the Rules, or if the DRB does not issue the Recommendation within the time limit provided in the Rules, or if the DRB is disbanded pursuant to the Rules, the dispute sha1l be finally settled under the Rules of Arbitration of the International Chamber of Commerce by three arbitrators appointed in accordance with the said Rules of Arbitration; one of which will be a Chinese Nationa1, one of which wi1lbe an American National, and one of which will be a non-Chinese and non-American Nationa1.

19.5 如果任何一方向另一方和 DRB 发出书面通知对建议表示不满，或者 DRB 在《规则》规定的期限内未发出该建议，或者 DRB 根据《规则》解散，争议将由根据《国际商会仲裁规则》指定的三名仲裁员最终裁决；其中一名为中国公民，一名为美国公民，一名为非美国公民。

19.6 The Arbitration shall be conducted in English.The location of the Arbitration shall be Hong Kong.The applicable1aw in the Arbitration will be the laws of the State of Texas.

19.6 仲裁应以英文进行。仲裁地点为香港。仲裁中适用的法律将是得克萨斯州的法律。

以上是本合资协议中关于争议解决的完整的表述，美方坚持认为必须按照步骤双方真诚努力地解决争端→调解→争议审查委员会（DRB）→ DRB 应根据规则发布建议→提交仲裁，为此，中方客户聘请的美方律师花费了两年的时间在跟对方及其代理律师进行沟通、磋商、谈判，但却没有任何实质性的进展，双方之间也没有达成任何阶段性成果文件，甚至连每次谈判的会谈纪要都没有，这样旷日持久的沟通、谈判却没有什么成果正是造成中方支付巨额律师费却无所收获的问题所在，为此，作为中方公司代表的笔者在向有美国从业经历的律师咨询过以后，在三方会议中明确向对方提出以下几点意见和建议：

争议解决条款中规定的程序必须得到尊重；否则，若最终走到仲裁的话有可能会因为没有履行前面的步骤而受到质疑，但在履行这些程序的同时要看是否实质性地推动了争议解决的进展？比如：第一步如何真诚地磋商？双方各自提出自己的诉求，但经过谈判、各自充分阐述了自己的想法、诉求及其理由和依据后，若发现双方差距太大，根本没有达成妥协的可能性时，就意味着满足了第一步程序的要求，而不能在此阶段继续浪费时间了，对此形成必要的会谈纪要，留有证据就行了，而不是反反复复进行这样没有任何实质结果、不能够达成备忘录的沟通与谈判。对于这样的约定，一方面要在程序上满足其要求，另一方面要看该程序是否能有效地推动问题的解决，否则，一次形式上满足条件后就应该向前推进，而不能在此反复，导致无效劳动又大量浪费高额的美国律师的律师费，从而给当事人带来巨大成本与负担。

后面的几个程序也是同样的问题，作为代理律师，我们要做的就是一方面满足程序的要求，留有证据，但不能恋战；除非通过每一次沟通与谈判能取得实质性进展、达成和解协议，或者取得阶段性成果，否则，就应尽快过渡到最终的司法裁判程序或仲裁程序，形成具有强制执行力的裁决或判决书。

通过与美国代理律师的沟通与谈判，最终成功说服了美国律师按照我们的建议，在满足了第一阶段的程序后，同意下面从组建 DRB 开始，在各方陈述意见后明确要求 DRB 在确定的日期内（如 30 日内）发出“建议书”；如果建议书未在该日期前发出，或者在收到“建议书”后一方明确表示不满，则直接可以走到仲裁程序了，从而尽早结束前期繁琐而没有效果的程序，以期快速、高效地解决争议，同时又能合理地控制争议解决成本。

示例 9：中国企业设备出口智利定贸仲仲裁条款

2008 年，笔者接受扬州一家大型民营企业 A 公司的委托，作为其出口硫酸设备至智利 B 公司的非诉项目代理律师，参与其与智利方所进行的工程、采购及现场技术支持服务合同谈判，内容涉及由扬州 A 公司向智利 B 公司出口全套年产 15 万吨硫酸成套设备及技术服务，合同谈判分为两个部分，技术谈判和商务谈判，我们作为律师参与商务谈判，就合同的条款逐条进行商榷并确定。其中，给笔者留下比较深刻印象的是关于争议解决条款的谈判。

首先，双方一致同意通过仲裁方式解决争议，这点没有异议，但问题是选择哪个仲裁机构？在何地进行仲裁？双方对此各执一词，分歧较大。在律师参与谈判之前，扬州 A 公司有关负责人也曾告知说向对方推荐过中国国际经济贸易仲裁委员会（CIETAC）作为仲裁机构，但对方不同意，对方要求选择伦敦国际仲裁院（LCIA），为此，笔者考虑了以下几点理由用来说服智利 B 公司的代表：

（1）中国国际经济贸易仲裁委员会目前是全球收案数量最多、标的金额合计最大的世界最知名的仲裁机构，在全球范围内享有盛誉，特别是对其公正性、规范性、专业性有着极高的评价和认可度。

（2）相比于伦敦国际仲裁院（LCIA）、国际商会仲裁院（ICC）等其他国际知名的仲裁机构，CIETAC 的仲裁成本仅为其 1/2 甚至 1/3，在仲裁裁决出台之前且仲裁费用的承担没有明确之前，仲裁成本对双方来说都意味着一种风险，能节省成本是各方共同的诉求。

（3）CIETAC目前集中了来自全球40多个国家的著名法学家、律师、贸易投资领域的专家等，其中就有来自智利、秘鲁、巴西、阿根廷及西班牙等国的仲裁员可供选择，而且双方还可以约定首仲不选中国和智利而选择第三国的仲裁员担任。

在听完笔者的解释以后，尤其对于第三点的说明，智利B公司的代表非常满意，同意选择CIETAC作为争议解决机构，只是要求我们将网页上CIETAC的仲裁员名单打印出来作为合同附件一并签署，这样，通过律师参与谈判很好地解决了这个对于双方都非常重要的争议解决机构的选择问题，有利于双方商务合作及谈判的顺利推进。

参考文献

1.［美］斯图尔特·戴蒙德:《沃顿商学院最受欢迎的谈判课》，杨晓红等译，中信出版社 2018 年版。

2. 韩德云、袁飞主编:《法律谈判策略与技巧》，法律出版社 2015 年版。

3.［美］罗杰·道森:《优势谈判》，刘祥亚译，重庆出版社 2008 年版。

4. 熊浩:《熊浩的冲突解决课：谈判》，法律出版社 2017 年版。

后　记

历经半年的辛苦付出终得回报，看着本书逐渐成形，心中自是喜悦满满！

自从踏上社会、开启工作之门以后，我们就开始与形形色色的人打交道，各种谈判、交涉成了工作中的一部分。日常小到菜场买菜时与小贩们的讨价还价，大到国家之间的领土纷争、贸易谈判等，无一不是通过谈判与磋商实现的，社会交往就是建立在人与人的关系之上的，是通过各种人情、利益建立起来的一张网，时时处处都在发生谈判的博弈与交涉。

关于谈判，想说的很多，古今中外案例精彩纷呈，从中美建交的惊心动魄，到历经15年之久的中国入世谈判，再到中美贸易之争的交涉与博弈，无不体现谈判人的智慧与经验之大成。谈判大师应当是上知天文、下知地理，中间还需通达人情世故，现场发挥则需要洞察秋毫、察言观色，语言表达则需要博闻强识，逻辑严密，用词精准，看似不是平常人所能达成，但从另一个角度来看，每个人又都是谈判的日常操练者、实践者。所以，谈判更像是一门技艺，生活中与人相处和交涉的技艺，而复杂的、专业的谈判却是需要专门的知识加上专门的训练才能达致的。

本书也是笔者前十年从事国际贸易、后二十年从事律师工作中长期参与谈判、沟通的一点心得，一些感悟，希望与各位读者分享，并欢迎大家有更多的经验可以共同探讨，深入研究，不断提高谈判的水平和能力，在工作中不断创造出新的局面、新的成绩。

最后，要感谢我的三位律师助理郭雪、陈晓梦、徐晴辛苦的校阅、审稿工作，通过她们辛勤的劳动、仔细的审阅，才有了本书在读者面前的呈现。

李　俭

2020年12月6日作于南京百家湖畔闲逸斋

图书在版编目（CIP）数据

成为商务谈判高手：律师赢得谈判的实战策略 / 李俭著 . -- 北京：法律出版社，2020
ISBN 978-7-5197-5141-8

Ⅰ . ①成… Ⅱ . ①李… Ⅲ . ①法律—谈判学 Ⅳ . ① D90-055

中国版本图书馆 CIP 数据核字 (2020) 第 228160 号

成为商务谈判高手
——律师赢得谈判的实战策略
CHENGWEI SHANGWU TANPAN GAOSHOU
—LÜSHI YINGDE TANPAN DE SHIZHAN CELÜE

李 俭 著

责任编辑 张心萌
装帧设计 马 帅

出版 法律出版社
总发行 中国法律图书有限公司
经销 新华书店
印刷 固安华明印业有限公司
责任校对 周合芝 周诗湄
责任印制 吕亚莉
编辑统筹 市场研发部
开本 A5
印张 8.25
字数 210 千
版本 2021 年 3 月第 1 版
印次 2021 年 3 月第 1 次印刷

法律出版社 / 北京市丰台区莲花池西里 7 号（100073）
网址 /www.lawpress.com.cn
投稿邮箱 /info@lawpress.com.cn
举报维权邮箱 /jbwq@lawpress.com.cn
销售热线 /400-660-8393
咨询电话 /010-63939796

中国法律图书有限公司 / 北京市丰台区莲花池西里 7 号（100073）
全国各地中法图分、子公司销售电话：
统一销售客服 /400-660-8393/6393
第一法律书店 /010-83938432/8433　西安分公司 /029-85330678　重庆分公司 /023-67453036
上海分公司 /021-62071639/1636　深圳分公司 /0755—83072995

书号：ISBN 978-7-5197-5141-8
定价：58.00 元